Karla Höcker
Clara Schumann

Die Autorin:

Karla Höcker, in Berlin geboren, studierte auch dort auf der Staatlich-Akademischen Hochschule für Musik. Zehn Jahre lang war sie Mitglied des Bruinierquartetts. 1938 veröffentlichte sie ihr erstes Buch, dem im Laufe der Zeit 30 weitere Werke folgten, in denen Musik fast immer die Hauptrolle spielt. 1954 wurde ihr Roman ›Die Mauern standen noch‹ mit dem Verlagspreis des Kulturbuchverlages ausgezeichnet. ›Die letzten und die ersten Tage‹, Berliner Aufzeichnungen 1945, fanden auch als RIAS-Feature starke Beachtung. Zum 25. Todestag Wilhelm Furtwänglers erschien die Biographie über den großen Dirigenten, dessen Lebensweg und musikalisches Wirken Karla Höcker in Gesprächen und auf Tourneen näher kennenlernte. Der Wunsch, große Musikerpersönlichkeiten jungen Musikfreunden näherzubringen, führte zur Entstehung ihrer Mozart-, Schubert-, Brahms- und der hier vorliegenden Clara-Schumann-Biographie. Karla Höckers Buch ›Ein Kind von damals‹ trägt autobiographische Züge. 1982 wurde ihr das Bundesverdienstkreuz verliehen.

Titel von Karla Höcker bei dtv junior: siehe Seite 4

Karla Höcker

Clara Schumann

Die große Pianistin ihrer Zeit
Die Lebensgefährtin Robert Schumanns
Die Freundin von Johannes Brahms

Mit zahlreichen Abbildungen

Deutscher Taschenbuch Verlag

Mit Federzeichnungen von Susanne Stolzenberg

Von Karla Höcker sind außerdem bei dtv junior lieferbar:
Das Leben des Wolfgang Amadé Mozart, Band 79011
Franz Schubert in seiner Welt, Band 79019
Carl Maria von Weber. Schöpfer der Romantischen Oper, Band 79027

Der vorliegende Band war früher unter den Nummern 7308 und 7975
bei dtv junior lieferbar.

Ungekürzte Ausgabe
April 1978
8. Auflage November 1990
Deutscher Taschenbuch Verlag GmbH & Co. KG, München

ISBN 3-7817-0761-X
Umschlaggestaltung: Irmgard Voigt unter Verwendung
einer Bleistiftzeichnung von Wilhelm Hensel
aus dem Bildarchiv Preußischer Kulturbesitz, Berlin
Gesetzt aus der Bembo 10/12'
Gesamtherstellung: Kösel, Kempten
Printed in Germany · ISBN 3-423-79015-6

Inhalt

»Sie sah aus wie der F-Dur dreiviertel Satz im Finale von Fidelio, ich kann's nicht anders beschreiben!«
Aus einem Brief des jungen Brahms

Vorwort der Verfasserin

Clara Wieck, 1819 geboren, wuchs als pianistisches Wunderkind auf. Sie war bereits eine Berühmtheit, als sie 1840 die Frau des damals kaum bekannten Komponisten Robert Schumann wurde. Jahrelang hatten er und Clara um die Heiratserlaubnis kämpfen müssen: erst ein Prozeß beendete den wütenden Protest von Claras Vater gegen ihre Ehe. Wie glücklich diese verlief, spiegeln Schumanns schönste Werke: Lieder, Kammermusiken, Symphonien. Sieben heranwachsende Kinder wurden zur schönsten Bestätigung ihres harmonischen Zusammenlebens.

Durch Robert Schumanns Geisteskrankheit fand dieses Glück ein jähes Ende. Er mußte die letzten Lebensjahre bis zu seinem Tode 1856 in einer Anstalt verbringen. Clara begann wieder zu konzertieren, zunächst, um die materielle Basis der großen Familie zu sichern, dann, um Schumanns Werken zu weitester Anerkennung zu verhelfen. In einer Zeit, die weibliche Emanzipation noch gar nicht kannte, ging sie unbeirrt ihren beruflichen Weg, erzog ihre Kinder zu Selbständigkeit, Toleranz und Nächstenliebe und nahm an allen Problemen ihrer Zeit Anteil. Viele große Künstler waren ihre Freunde, die Musikkenner Europas bewunderten und verehrten sie.

Ihr Leben ist untrennbar mit den gesellschaftlichen und kulturellen Problemen des 19. Jahrhunderts verbunden. Stellvertretend für diese Epoche bleibt sie uns nahe: als bedeutender, beispielhafter Mensch, als liebenswerte Frau und Mutter.

Clara Schumanns Leben begleitet den Weg der musikalischen Romantik durch das 19. Jahrhundert. Zugleich spiegelt sich in ihm der Aufstieg des Bürgertums, die Befreiung des Musikers aus der Rolle des Musikbediensteten, die wachsende Bedeutung der musikalischen Interpretation. Neben der Persönlichkeit dieser ungewöhnlichen Frau interessieren uns die Umstände, unter denen sie gelebt hat: wie sah der bürgerliche Alltag aus, wie bewältigte sie ihre zahllosen Konzertreisen, welchen Anteil nahm man damals an gesellschaftlichen, künstlerischen, politischen Ereignissen? Briefe, Tagebücher und Memoiren bilden das Mosaik, aus dem sich die Details rekonstruieren lassen. Die Distanz von über hundert Jahren scheint aufgehoben; Mendelssohn, Schumann, Liszt, Brahms oder Wagner treten uns in eigenen Äußerungen und ungeschminkten Berichten der Zeitgenossen entgegen. Der Wandel des Bürgertums, die Brisanz der politischen Ereignisse, das erwachende Selbstbewußtsein der Frau gehören in Claras Biographie mit hinein.

Zugleich werden wir vom Zauber jener romantischen Welt angerührt, in der Schumanns schönste Werke entstanden, Johannes Brahms seinen Aufstieg nahm und die leidenschaftliche Auseinandersetzung um Richard Wagner begann. Es wird viel gelitten und viel geliebt in dieser Epoche, die dem Gefühl noch seinen vollen Wert zuerkannte; es gibt tapferes Schweigen und Verzichte, die sehr schwer wogen.

Wer dies alles kennengelernt hat, wird leichter als zuvor den Weg zur romantischen Kunst finden, zur Musik, Literatur und Malerei einer Epoche, ohne die unsere heutige Kultur nicht denkbar wäre.

Karla Höcker

Clara – die Strahlende

Leipzig war 1828 eine aufstrebende Stadt von etwa 45 000 Einwohnern. Viele hielten sie für »die eleganteste nach Paris«. Den Lebensstil der Bevölkerung formte nicht, wie im benachbarten Dresden, der Hof, sondern eine zielbewußte, sozial denkende Bürgerschaft, die mit Energie und praktischem Verstand kommunale Einrichtungen förderte. Universität, Postverbindungen, Straßenbau und -beleuchtung spiegelten den fortschrittlichen Bürgersinn. Durch seine zentrale Lage im Herzen Europas war Leipzig schon im Mittelalter zur führenden Messestadt Deutschlands geworden. Der Handel mit Leinen, Tuchen, Pelzen, vor allem mit Erzeugnissen der zahlreichen Leipziger Druckereien war stärker als im ganzen übrigen Europa. Das machte Leipzig zu einem internationalen Treffpunkt, zur »kleinen moralischen Republik«, wie Goethe gesagt hatte. Die Wohlhabenheit der Handel treibenden Bürger drückte sich in ansehnlichen öffentlichen Gebäuden aus; um den Stadtring entstanden schöne parkähnliche Anlagen, die der Bevölkerung zugänglich waren. Die Pflege der bildenden Künste spielte keine große Rolle, wohl aber die der Musik. Sie konnte sich auf ehrwürdige Traditionen stützen: seit 1505 bestand die Thomasschule, zu deren Häuptern von 1733 bis 1750 Johann Sebastian Bach gehört hatte; 1781 war das Große Konzert entstanden, aus dem sich im Laufe der Zeit das Gewandhauskonzert entwickelte. Von Leipzig gingen auch starke wirtschaftliche Impulse aus. So betrieb der geniale Nationalökonom Friedrich List, nach dem Zusammenschluß des Deutschen Zollvereins, von hier aus den Aufbau des Eisenbahnwesens. In Leipzig wurde auch der erste Bahnhof Deutschlands eröffnet.

Claras Vater Friedrich Wieck war ein erfolgreicher Klavierpädagoge in Leipzig. Er befaßte sich aus Erwerbsgründen auch mit Instrumentenhandel und -verleih. Das brachte ihn in engen Kontakt mit dem Gewandhaus und den zahlreichen hier konzertierenden Künstlern; Leipzig war eine musikalisch besonders aufgeschlossene

Friedrich Wieck beim Unterrichten, Relief von Gustav Kietz

Stadt. Claras Mutter, eine Enkelin des berühmten Flötisten Tromlitz, war ebenfalls musikalisch, sie hatte als junges Mädchen bei Friedrich Wieck Klavierunterricht gehabt. In der Ehe verstanden sich die beiden jedoch gar nicht und trennten sich nach wenigen Jahren in gegenseitigem Einvernehmen.

Bis zum fünften Lebensjahr durfte Clara bei ihrer Mutter bleiben, die eine zweite Ehe mit dem Musiker Adolf Bargiel schloß. Danach wurde der Kontakt zwischen Mutter und Tochter durch Wiecks Forderungen fast ganz unterbunden. Die Erziehung der Fünfjährigen nahm der Vater energisch in die Hand. Er hatte schon vor Claras Geburt beschlossen, daß dieses Kind, »wenn es ein Mädchen wäre, eine große Künstlerin werden sollte«. Deshalb hatte er ihr den Namen Clara, »die Strahlende«, gegeben. Ein Tagebuch, das er von ihrer Geburt am 13. September 1819 an bis zum Jahre 1838 für sie führte, berichtet eingehend über ihre Fortschritte. Nach seiner klug aufgebauten Unterrichtsmethode ließ er sie Tonleitern, Dreiklänge und schließlich kleine Stückchen nach dem Gehör spielen.

Einige Jahre zuvor war davon noch nichts zu spüren. Im Gegenteil, Clara lernte erst zwischen dem vierten und fünften Lebensjahr einzelne Worte sprechen und verstehen, so daß ihre Umgebung sie zunächst für schwerhörig hielt. Es ist, als hätte die Natur den zarten Organismus des Kindes vor allzu früher Entfaltung bewahren wollen. Clara verträumte ihre ersten Lebensjahre in einer seltsam vegetativen Haltung. Musik hörte sie von früh an.

Vom sechsten Lebensjahr an besuchte Clara auch die Schule. Sie hatte täglich eine Musikstunde beim Vater und mußte außerdem zwei Stunden Klavier üben. Viel Zeit für Spiel und Entspannung blieb also nicht. Doch war Wieck durchaus bemüht, das Kind nicht zu überfordern und seine musikalischen wie technischen Fähigkeiten harmonisch weiterzuentwickeln. Mehr als drei Stunden hat Clara auch in späteren Jahren nie üben dürfen. Er ließ sie viel spazierengehen und sorgte dafür, daß sie ihre kindliche Anspruchslosigkeit behielt. Wie stark musikalische Eindrücke bereits die Vorstellungswelt der Sechsjährigen prägten, zeigt eine Tagebucheintragung nach dem ersten Gewandhauskonzert, das Clara besuchte. Es heißt darin –

wiederum vom Vater an Claras Stelle notiert: »Ich hörte eine große Symphonie von Beethoven u. a., was mich heftig aufregte. Auch hörte ich große Gesangsstücke vortragen, was mich sehr interessierte.«

Schon mit sieben Jahren konnte Clara ohne Schwierigkeiten alle Noten lesen. Das Vierhändig-Spielen, damals besonders beliebt, wurde von Wieck intensiv gepflegt. Clara übernahm dabei meist die Baßpartie in Stücken der damaligen Modekomponisten: Cramer, Czerny, Field, Moscheles u. a. Doch auch Werke von Mozart hat sie in dieser Zeit schon gespielt und schließlich Robert Schumanns Opus 1, die ›Abegg-Variationen‹. Mit acht Jahren beherrschte Clara alle Tonarten, konnte ihre Ober- und Unterdominanten angeben und von einer Tonart in die andere modulieren. Sie improvisierte gewandt und versuchte sich bereits in kleinen Kompositionen. Der Vater lobte ihren natürlichen und guten Vortrag, tadelte aber »ihren Eigensinn und ihre Unbändigkeit in ihren Wünschen«. Diese Eigenschaften sollten für ihr späteres Lebensschicksal noch große Bedeutung erlangen.

An ihrem achten Geburtstag spielte Clara das ›Es-Dur-Konzert‹ von Mozart vor geladenen Zuhörern; einige Streicher und Bläser des Gewandhauses begleiteten sie. »Es ging recht gut«, berichtet sie in ihrem ersten selbstgeschriebenen Briefchen an die Mutter, »und ich hab gar nicht gestokt. Nur meine Kadänz wollte nicht gleich gehen, wo ich eine chromatische Tonleiter drei mahl spielen mußte. Angst hatte ich gar nicht, das Klatschen hat mich aber verdrossen.«

Am 31. März 1828 spielte sie bei einer musikalischen Soiree im Hause des Arztes Dr. Carus und seiner schönen Frau Agnes in einem Trio von Hummel die Klavierpartie. An diesem Abend hat der damals achtzehnjährige Robert Schumann aller Wahrscheinlichkeit nach die noch nicht Neunjährige kennengelernt. Zunächst machte der fremde junge Mann keinen großen Eindruck auf das Kind. Robert schrieb ihr später: »Du warst damals ein kleines eigenes Mädchen mit einem Trotzkopf, einem Paar schöner Augen, und Kirschen waren Dein Höchstes.«

Am 20. Oktober 1828 sollte die Neunjährige zum erstenmal im

Robert-Schumann-Gedenkzimmer in Zwickau. Auf dem André-Stein-Flügel spielte die neunjährige Clara erstmals im Gewandhaus

Gewandhaus auftreten. Besonders freute sie sich, von der bekannten Gewandhauskutsche abgeholt zu werden. Doch statt der Glasequipage stand am 20. Oktober ein ganz gewöhnlicher Omnibus vor der Haustür, besetzt mit zahlreichen fremden Mädchen in Ballkleidung. Auch schlug der Wagen eine gänzlich falsche Fahrtrichtung ein, so daß Clara schließlich schüchtern fragte, ob man denn nicht zum Gewandhaus führe? Sie mußte hören, daß der Wagen zu einer Tanzfestlichkeit nach Eutritzsch wolle! Aus Versehen war sie in eine falsche Kutsche geraten. Glücklicherweise holte die richtige den Wagen ein, Clara stieg um und langte verschreckt und tränenüberströmt kurz vor Konzertbeginn im Gewandhaus an. Da trat Wieck, der glänzende Psychologe, ihr lächelnd mit einer Zuckertüte entgegen und sagte nur: »Das hatte ich ganz vergessen, Dir zu sagen, Clärchen, daß man allemal verwechselt wird, wenn man zum erstenmal öffentlich spielt!« Und Clara, sofort beruhigt, spielte ausgezeichnet und erhielt viel Beifall.

Im März 1830 fuhr Wieck mit ihr für einige Wochen nach Dresden, um sie in Privatkreisen auftreten zu lassen. Der Erfolg, auch bei Hofe, war groß. Wieck berichtet darüber seiner Frau:

»Wir finden hier eine ungeahnt günstige Aufnahme. Claras musikalische Ausbildung nicht allein, auch ihr Virtuosentum findet hier jeder sehr anerkennenswert. Die Leute wissen nicht, wen sie mehr bewundern sollen, das Kind oder den Lehrer. Ich bin ängstlich, daß die Ehren und Auszeichnungen auf Clara einen schlimmen Einfluß ausüben könnten. Merke ich etwas Nachteiliges, so reise ich sogleich ab, damit sie wieder in ihre bürgerliche Ordnung kommt, denn ich bin zu stolz auf ihre Anspruchslosigkeit. Man findet sie sehr liebenswürdig; sie ist vorerst noch die alte, einfache, natürliche, entwickelt oft tiefen Verstand und reiche Phantasie, ist wild, dabei aber nobel und verständig. Sie ist bei dem Spiel unglaublich dreist, und je größer die Gesellschaft, um so besser spielt sie.«

Nach der Heimkehr erhielt das Kind Theorie-Unterricht bei Kantor Weinlig von der Thomasschule, zu dessen Schülern zeitweilig auch Robert Schumann und Richard Wagner gehört haben. Weinlig konnte schon nach kurzer Zeit Kontrapunktstudien mit Clara beginnen; sie komponierte ihr erstes vierstimmiges Lied und einige Choräle. Um diese Zeit zog Robert Schumann als Untermieter und Klavierschüler in die Wiecksche Wohnung, Grimmaische Gasse 36. Vorausgegangen war eine leidenschaftliche Auseinandersetzung zwischen ihm und seiner Mutter.

Robert Schumann stammte aus Zwickau. Auf Wunsch seiner Mutter sollte er in Leipzig Jura studieren, wozu er wenig Neigung verspürte. Seit dem frühen Tod ihres Mannes, der Buchhändler, Verleger und Schriftsteller gewesen war, hing sie mit besonderer, fast ängstlicher Liebe an ihrem jüngsten Sohn. Seine älteren Brüder hatten alle ihren Weg gefunden, Robert schwankte in seinen Entschlüssen. Er übte sich in Musik und Dichtung, zeigte für beides Begabung, ein Lebensweg aber zeichnete sich nicht ab. Durch die künstlerischen Neigungen und Kenntnisse seines Vaters hatte Robert die Welt der Romantik schon früh kennengelernt. Werke von E. T. A. Hoffmann, Tieck, Eichendorff und Chamisso waren ihm vertraut. Er erfuhr die rätselhafte Zwiespältigkeit des romantischen Menschen, identifizierte sich mit Gestalten von Jean Paul, den er verehrte. Später sagte er einmal, von diesem Dichter habe er mehr Kontrapunkt gelernt als von seinen Musiklehrern. Als Vierzehnjähriger hatte er dem Vater bei der Herstellung eines biographischen Lexikons helfen können; in den Schuljahren entstanden eigene dichterische Versuche, unter anderem ›Jean Pauliaden‹.

Mit der gleichen Intensität wandte Robert sich der Musik zu. Besonders wichtig wurde für ihn das musikalische Haus des Kaufmanns Carl Erdmann Carus. Hier lernte er viele Werke der klassischen Kammermusik kennen und beteiligte sich an Aufführungen. Er muß also damals schon recht gut Klavier gespielt haben. Sein Vater hatte für alle diese Versuche Verständnis gezeigt und ihn als Schüler zu Carl Maria von Weber nach Dresden bringen wollen. Doch beide, August Schumann wie Weber, starben 1826. Der Tod des Vaters bedeutete für den Sechzehnjährigen eine schwere Erschütterung. Sein bis dahin offenes, heiteres Wesen veränderte sich; er wurde ernster, verschlossener und neigte zeitweise zu Depressionen.

Schon früh suchte Robert mit eigentümlicher Nüchternheit sein eigenes Wesen zu erkennen. Mit sechzehn Jahren schrieb er in sein Tagebuch: »Was ich eigentlich bin, weiß ich selbst noch nicht klar. Phantasie, glaub ich, hab ich, und sie wird mir auch von keinem abgesprochen. Tiefer Denker bin ich nicht; ich kann niemals logisch an dem Faden fortgehen, den ich vielleicht gut angeknüpft habe. Ob ich Dichter bin – denn werden kann man es nie – soll die Nachwelt entscheiden. Es ist sonderbar, daß ich da, wo meine Gefühle am stärksten sprechen, aufhören muß, Dichter zu sein.« Diese Selbsteinsicht eines ganz vom Gefühl her bestimmten jungen Menschen ist erstaunlich.

Doch nicht nur über seine eigenen Anlagen oder über künstlerische Probleme machte sich Robert Gedanken. Wie vielseitig interessiert der knapp Achtzehnjährige war, bezeugen Tagebuchaufzeichnungen von 1828: »Die politische Freiheit ist vielleicht die eigentliche Amme der Poesie: sie ist zur Entfaltung der dichterischen Blüten

Jugendbildnis Robert Schumanns, Maler unbekannt

am meisten notwendig; in einem Lande, wo Leibeigenschaft, Knechtschaft etc. ist, kann die eigentliche Poesie nie gedeihen: ich meine die Poesie, die in das öffentliche Leben entflammend und begeisternd tritt.«

Auch soziale Ideen beschäftigen ihn schon in dieser Zeit des Vormärz; so meint er einmal, daß es schön wäre, wenn Konzerte öffentlich und unentgeltlich stattfinden könnten und die Künstler von der Regierung bezahlt würden. Wenige Jahre später entwickelte er sogar einen ausführlichen Plan zu einem Autoren-Verlag; einer Einrichtung also, die erst in unserer Epoche Verwirklichung finden sollte.

Ganz erstaunlich muten Gedanken an, die Robert etwas später in Leipzig entwickelte: »Vielleicht daß eine Zeit kommt, wo der Mensch seine letzten und größten Ziele erreicht, vielleicht daß er auf Luftschiffen die dünne Luft durchschneiden kann, vielleicht daß er die Sterne, wie die neue Welt, bereisen kann, vielleicht daß diese Sterne höhere Welten sind, aber mit höheren Menschen, vielleicht daß wir von Sternen zu Sternen fliegen und schauen können, um was wir weinen; aber der Jahrtausende gibt es noch viele ...«

Daß ein begabter Sohn aus gutbürgerlich-sächsischem Hause, wie Robert Schumann, in Leipzig, dieser weltoffenen Stadt, juristische Studien durchführen sollte, war durchaus verständlich. Robert kam mit seinem Schulfreund Flechsig dorthin und wohnte zunächst mit diesem zusammen im Brühl. »Er war nicht nur der ehrgeizigste, sondern auch der fleißigste, unermüdlichste Mensch, den ich gekannt«, urteilte Flechsig über Robert. Allerdings galt dieser Fleiß in erster Linie musikalischen und literarischen Studien, weniger der Jurisprudenz. Sehr bald verkehrte Robert bei dem Neffen seiner heimatlichen Musikfreunde, dem Arzt Dr. Carus. Dessen Haus galt als Sammelpunkt bekannter Künstler, vor allem vieler prominenter Musiker. Seine Frau Agnes sang, sie brachte Robert die Lieder Schuberts nahe und weckte erneut seine Sehnsucht nach Musik. Er habe die schöne Agnes einmal stürmisch geliebt, bekannte er Clara später. Vom siebzehnten Lebensjahr an war Robert häufig, oft leidenschaftlich verliebt, die Objekte wechselten. Durch die Vermittlung von Frau Carus wurde er Klavierschüler von Friedrich Wieck und bald ein fast täglicher Hausgenosse der Wieckschen Kinder Clara, Alwin und Gustav. Er erzählte ihnen selbsterdachte Märchen und Gruselgeschichten, die den Beifall seiner kleinen Zuhörer fanden. Wieck hatte inzwischen zum zweitenmal geheiratet, eine Pfarrerstochter, Clementine Fechner. Sie war die Mutter von Alwin und Gustav.

Nach dem Doppelstudium der Musik und Jurisprudenz in Leipzig, letzteres von Robert nur widerwillig angetreten, verbrachte er ein Jahr als Student in Heidelberg. Er folgte seinem Freund Rosen dorthin, der ihm begeistert von dem schönen Ort und den Lehrenden berichtet hatte. Zu diesen gehörte der berühmte Rechtsgelehrte Justus Thibaut, zugleich ein Musikkenner von Rang. Robert verkehrte in seinem Hause und wurde oft zum Musizieren herangezogen. Übrigens hat Thibaut Robert niemals zugeredet, beim juristi-

schen Studium zu bleiben. Der genoß das romantische Klima von Stadt und Umgebung, machte einen Abstecher nach Italien, schrieb poetische Briefe von unterwegs und komponierte einiges. So entstanden jetzt die ›Abegg-Variationen‹ und Teile der ›Papillons‹, eine kaleidoskopartige Folge von 12 Miniaturen für Klavier. Dieses Werk folgt in seiner inneren Struktur Jean Pauls ›Flegeljahren‹, die Robert so sehr liebte. Ende Juli 1830 fühlte er sich innerlich so weit gefestigt, daß er der Mutter seinen Entschluß mitteilen konnte, Musiker zu werden.

»Mein ganzes Leben war ein zwanzigjähriger Kampf zwischen Poesie und Prosa, oder nenn es Musik und Jus ... In Leipzig hab ich unbekümmert um einen Lebensplan so hingelebt, geträumt, geschlendert und im Grunde nichts Rechtes zusammengebracht; hier hab ich mehr gearbeitet, aber dort und hier immer innig und inniger an der Kunst gehangen. Jetzt steh ich am Kreuzwege, und ich erschrecke bei der Frage: wohin? – Folg ich meinem Genius, so weist er mich zur Kunst, und ich glaube, zum rechten Weg. Aber eigentlich – nimm mir's nicht übel, und ich sage es Dir nur liebend und leise – war mir's immer, als verträtest Du mir den Weg dazu...«

Für die Mutter war diese Mitteilung ein schwerer Schock. Sie bangte um die Zukunft dieses Sohnes, ihr »das Liebste auf der Welt«. Wie sollte er als Musiker jemals zu Ansehen und bürgerlicher Sicherheit gelangen? Auch der Vormund und die Geschwister standen Roberts Plan skeptisch gegenüber. Schmerzlich vermißte er in dieser Zeit der Entscheidung das Verständnis seines Vaters. Schließlich schlug er vor, den anerkannten Pädagogen Friedrich Wieck um sein Urteil zu bitten. Das geschah.

Wieck schrieb im August 1830 an Frau Schumann: »Ich mache mich anheischig, Ihren Sohn, den Robert, bei seinem Talent und seiner Phantasie binnen 3 Jahren zu einem der größten jetzt lebenden Klavierspieler zu bilden.« Er führte auch genau aus, welche Anforderungen er an Robert stellen werde, daß dieser ein Jahr lang fast alle Tage eine Stunde bei ihm nehmen und außerdem »die trockne kalte Theorie, mit allem, was daran hängt«, bei Weinlig studieren müsse. Robert beugte sich diesen Forderungen. Er schrieb an Wieck: »Glauben Sie mir, ich bin bescheiden ... aber ich bin auch mutig, geduldig, vertrauensvoll und bildsam. Ich vertraue Ihnen ganz und gebe mich Ihnen ganz.«

Während Robert mit Feuereifer an die ersehnte künstlerische Arbeit ging, bereitete sich die elfjährige Clara auf ihr erstes selbständiges Konzert im Gewandhaus vor. Es fand am 8. November 1830 statt. Im Tagebuch heißt es danach: »Ich spielte zur Zufriedenheit des Vaters und des Publikums. Meine Complimente wollten außer dem ersten nicht recht glücken, denn sie wurden sehr geschwind.« Sie spielte ein Virtuosenprogramm, wie es damals üblich war, Werke von Kalkbrenner, Herz und Czerny, zum Schluß eine eigene Komposition. Der Ertrag des Konzerts betrug 30 Taler. Clara gab dem Vater zwanzig davon ab: »Die Meinigen werde ich von nun an mehrere Male im Kuchengarten frei halten.«

Wieck erweiterte Claras Studium jetzt mehr und mehr, von Schulbesuch ist nicht mehr die Rede. Sie erhielt Unterricht im

Instrumentieren und Partiturlesen, übte sich im Violinspiel und studierte Czernys Anleitung zur Kunst des Phantasierens. In diesem Jahr erschien ihre erste eigene Komposition im Verlag Hofmeister, und auch Herr Schumann, »der seit Michael bei uns wohnt und Musik studiert«, erhielt ein Exemplar von ihr.

Inzwischen beschäftigte sich Wieck schon mit Plänen für die nächste große Reise. Er ließ Clara französische Studien treiben und sich Empfehlungen für einflußreiche Persönlichkeiten in Paris geben – ganz ähnlich wie siebzig Jahre zuvor der Kapellmeister Mozart aus Salzburg. Leider erkrankte die kleine Künstlerin an den Masern, der Termin der Abreise mußte deshalb verschoben werden.

Endlich, am 26. September 1831, trafen Vater und Tochter in Weimar ein. Die Aufnahme dort war zunächst nicht ermutigend, doch erregte Clara mit ihrem Spiel in verschiedenen Privatgesellschaften Bewunderung und Interesse. Vater und Tochter wurden daraufhin zu Goethe gebeten. Wieck berichtet im Tagebuch:

»Den 1. Oktober mittags 12 Uhr hatten wir Audienz bei dem 82jährigen Minister Exzellenz von Goethe. Wir fanden ihn lesend, und der Bediente führte uns ein ohne weitere Anmeldung, nachdem er uns den Tag vorher zu dieser Zeit hatte bestellen lassen. Er empfing uns sehr freundlich; Clara mußte sich zu ihm auf das Sofa setzen. Bald darauf kam seine Schwiegertochter mit ihren beiden sehr geistreich aussehenden Kindern von zehn bis zwölf Jahren. Clara wurde aufgefordert zu spielen, und da der Stuhl vor dem Klavier zu niedrig war, holte Goethe selbst aus dem Vorzimmer ein Kissen und legte es ihr zurecht. Sie spielte ›La Violetta‹ von Herz. Während des Spiels kam noch mehr Besuch, und sie spielte dann noch die ›Bravour-Variationen‹ von Herz, op. 20. Goethe fällte über die Kompositionen und das Spiel der Clara ein sehr richtiges Urteil, nannte die Komposition heiter und französisch pikant und rühmte Claras Eindringen in diesen Charakter.«

Vater und Tochter wurden aufgefordert, am 9. Oktober wiederzukommen; Clara mußte nochmals spielen – auch vierhändig mit dem Vater –, und Goethe sprach an diesem Tag die Worte: »Das Mädchen hat mehr Kraft als sechs Knaben zusammen.« Zur Erinnerung erhielt Clara ein Bronzebild und eine freundliche Widmung des Dichters.

Nach diesem persönlichen Erfolg war der Wunsch, die kleine Pianistin in größerem Rahmen zu hören, natürlich allgemein. Ein Konzert im Stadthaus, das von fünfhundert Personen besucht wurde, verlief erfolgreich. Veranstaltungen in anderen Städten folgten, unter anderm in Kassel, wo sich der Komponist Louis Spohr lebhaft für Claras Talent interessierte. Auch in Frankfurt und Darmstadt trat sie auf. Robert Schumann, der unterdessen fleißig in Leipzig weiterstudierte, schrieb von Zeit zu Zeit Briefchen an »die liebe verehrte Clara« im Stil ihres Alters. So heißt es einmal:

»Ich denke oft an Sie, nicht wie der Bruder an seine Schwester, oder der Freund an die Freundin, sondern etwa wie ein Pilgrim an das ferne Altarbild; ich war während Ihrer Abwesenheit in Arabien, um alle Märchen zu erzählen, die Ihnen gefallen könnten – sechs neue Doppelgängergeschichten, 101 Charaden, acht spaßhafte Rätsel und dann die entsetzlich schönen Räubergeschichten und die vom weißen Geist – hu, hu! Wie's mich schüttelt!«

Von Mainz aus benötigten die Reisenden vier Tage und Nächte, um mit der Postkutsche Paris zu erreichen. »Gott, welche Reise, welche Strapazen in diesen vier Nächten bis nach Paris! Und hier, welche Beschwerlichkeit, daß wir nicht französisch sprechen!« Immerhin unterstützte Wiecks Schwager Eduard Fechner die Neulinge und hatte auch für ein Quartier im Hotel de Bergère gesorgt. Dem gesellschaftlichen Betrieb mit Intrigen, Neid und Klatsch fühlte sich Wieck zunächst keineswegs gewachsen. Zwar glänzte Clara besonders mit Werken solcher Komponisten, die hier bereits Anerkennung gefunden hatten, zum Teil sogar hier lebten: Herz, Pixis, Kalkbrenner und Frédéric Chopin, dem Clara in Leipzig seine damals erst wenig bekannten ›Don Juan-Variationen‹ zu seiner Zufriedenheit vorgespielt hatte. Aber es dauerte doch einige Zeit, bis sich überhaupt Zuhörer für das kleine deutsche Mädchen interessierten, bis ein Musiker vom Range Meyerbeers sich anerkennend über ihr Spiel äußerte. Der Flügelfabrikant Erard stellte ihr daraufhin seine Instrumente zur Verfügung – eine große Erleichterung, da die französischen Flügel »zähe Knochen« waren, wie Wieck feststellte.

In seinen Briefen gab er sarkastische Beschreibungen all der Soireen und Empfänge, die sie besuchen mußten. Sie fanden gewöhnlich sehr spät, zwischen zehn Uhr abends und zwei Uhr nachts, statt. Über die großen Anstrengungen, die solche Veranstaltungen für das zwölfjährige Kind bedeuten mußten, verlor er kein Wort. Es waren Repräsentationen des gesellschaftlichen Ehrgeizes, der persönlichen Eitelkeit. Meist gingen sie in engen, stark überfüllten Räumen vor sich; das Publikum bestand hauptsächlich aus Prinzen, Gesandten und Ministern, weniger aus Fachleuten. Oft mußte sich Clara auf schlechten Instrumenten produzieren, wie bei der einflußreichen Prinzessin Vandamore; es gelang ihr so gut, daß selbst der anwesende Pianist und Komponist Kalkbrenner, damals eine Berühmtheit, »sehr oft bravo rief und die ganze große Gesellschaft Beifall spendete«.

Nach diesen gesellschaftlichen Erfolgen konnte Wieck endlich an ein öffentliches Konzert seiner Tochter denken. Er hatte bereits den Saal im Hotel de Ville dafür gemietet, als plötzlich in Paris die Cholera ausbrach, die wiederum Straßenunruhen auslöste. Wieck beschloß daher, sofort nach dem Konzert, das nun in weit bescheidenerem Rahmen stattfinden mußte, mit Clara abzureisen. Nach Pariser Sitte spielte Clara alles auswendig und phantasierte auch zum erstenmal öffentlich. Der künstlerische Erfolg war groß, der finanzielle nur mäßig.

Am 1. Mai trafen die Wiecks nach langer ermüdender Postkutschenreise wieder in Leipzig ein; eine Viertelstunde später putzte Clara in der Küche die Messer. Robert Schumann notierte in seinen tagebuchartigen Aufzeichnungen über die Zurückgekehrten: »Er (Wieck) schien mir in jeder Hinsicht schwächer als früher, nur die Arroganz, das Feuer und das rollende Auge dasselbe. Clara ist hübscher und größer, kräftiger und gewandter geworden und hat einen französischen Accent beim Deutschreden, den ihr Leipzig bald wieder austreiben wird.«

Clara 1832, Steinzeichnung von Eduard Fechner

Und nun, als könne es gar nicht anders sein, steht Claras Name beinah auf jeder Seite des Schumannschen »Lebensbuches«. Er erzählt darin, daß die Freunde sich in einem Lokal trafen, daß Wieck »sehr artig, Clara kindisch einfältig« gewesen sei. »Sehr spät gingen wir nachhaus, Clara und ich Arm in Arm.«

Drei Tage später heißt es: »Mit Clara, Pfund und den Kindern ging ich in die Menagerie; was ist das doch für eine Grazie, Natur und Gewandtheit in so einem Panthertier; da studiere! Clara war albern und ängstlich.

9. Mai. Daheim gespielt und komponiert an den ›Intermezzi‹. Ich will sie Clara widmen.

16. Mai. Clara spielt das Field'sche Konzert himmlisch; die ›Papillons‹ aber unsicher und unverständig.«

Zehn Tage später berichtigt Robert sich, denn »Clara hatte sie richtig und feurig angefaßt«, und am Tage darauf: »So wie heute habe ich Clara nie spielen hören – da war alles meisterlich und alles schön. Auch die ›Papillons‹ spielte sie fast noch schöner als gestern.« Clara war noch nicht dreizehn Jahre alt.

Am 29. Mai findet sich die Eintragung: »Abends riß ich mit Clara sechs Bach'sche Fugen ab, vierhändig à vista prima ... als ich nach Hause kam, gegen neun Uhr, setzte ich mich ans Klavier und mir wars, als kämen lauter Blumen und Götter aus den Fingern hervor, so strömte der Gedanke mich fort. Das war der Gedanke cfgc.« Es waren die ersten Takte der ›Impromptus op. 5‹.

In diesen Jahren begann sich Robert Schumanns künstlerische Eigenart zu entfalten, zunächst in Klavierwerken, und es ist faszinierend, zu verfolgen, wie er, der bis dahin kaum eine intensivere Kompositionsschulung durchlaufen hat, aus dem »Schwärmen am Klavier« zu konzentrierter Gestaltung vordringt. Die Eigenart des improvisiert Erscheinenden, in seiner inneren Struktur jedoch fest gefügten Kunstwerkes wird für ihn charakteristisch.

Clara war in dieser Zeit sehr fleißig. Sie gab zwei eigene Konzerte im Gewandhaus mit Werken von Herz, Hummel, Bériot, Moscheles und Frédéric Chopin, besonders bewundert, da sie alles auswendig spielte. Das war damals noch keineswegs allgemein üblich. Im

Winter konzertierte sie in verschiedenen Städten, auch in Zwickau, Roberts Heimat. Er war bei diesem Konzert anwesend, und Clara wurde, nicht zuletzt von seiner Familie, mit stürmischem Beifall gefeiert. Seine Mutter schloß die dreizehnjährige Clara besonders ins Herz. Als die beiden einmal vom Fenster aus Robert auf der Straße vorübergehen sahen, zog Frau Schumann das Mädchen spontan an sich und sagte, was Clara nie vergessen sollte: »Du mußt einmal meinen Robert heiraten!«

Schumann, der inzwischen in Leipzig eine Wohnung in Riedels Garten bezogen hatte, schrieb kurz nach dieser Reise an seine Mutter: »Clara ist die alte – wild und schwärmerisch – rennt und springt und spielt wie ein Kind und spricht wieder einmal die tiefsinnigsten Dinge. Es macht Freude, wie sich ihre Herzensanlagen jetzt immer schneller, aber gleichsam Blatt für Blatt entwickeln. Als wir neulich zusammen von Connewitz heimgingen (wir machen fast täglich zwei- und dreistündige Märsche) hörte ich, wie sie für sich sagte: oh, wie glücklich bin ich! Wie glücklich! Wer hört das nicht gern! – Auf demselben Weg stehen sehr unnütze Steine mitten im Fußsteg. Wie es nun trifft, daß ich oft im Gespräch mit andern mehr auf als nieder sehe, geht sie immer hinter mir und zupft an jedem Stein leise am Rock, daß ich ja nicht falle.«

Clara widmete ihm ihre ›Romanze op. 3‹, Schumann seine ›Impromptus‹ über das Thema daraus seinem Lehrer Friedrich Wieck. Alles schien in schönster Harmonie. Im Januar 1834 wurde Clara mit Emilie List, einer Tochter des Nationalökonomen, eingesegnet, die durch die besondere Lebensführung, die langen Auslandsaufenthalte ihres Vaters selbständiger und reifer als andere Altersgenossinnen war. Beide verband eine Mädchenfreundschaft, die sich bis ins Alter bewähren sollte.

Wieck schrieb am Tage der Konfirmation Clara ins Tagebuch: »Ich habe Dir und Deiner Ausbildung fast zehn Jahre meines Lebens gewidmet; bedenke, welche Verpflichtungen Du hast!« Außerdem rät er ihr: »Lasse Dich, wenn Du bitter verkannt, verleumdet und beneidet wirst, nicht irre machen in Deinen Grundsätzen ...« Ein Rat, den Clara vier Jahre später befolgen sollte, als sie von ihrem

Vater »bitter verkannt und verleumdet« wurde. Noch war sie Wiecks Geschöpf, von seinen Fähigkeiten, seiner Überlegenheit, der Richtigkeit seiner Auffassungen und seiner uneigennützigen Liebe felsenfest überzeugt. Noch ahnte sie nicht, welche zwiespältigen Eigenschaften sich hinter seinen markanten, immer etwas bittren Zügen verbargen. Sie war noch ganz sein Kind – oder doch nicht mehr so ganz?

Ein Freund von Schumann, der Maler Johann Peter Lyser, beschrieb Clara 1833 im ›Taschenbuch für Freunde der Tonkunst‹, fast um die gleiche Zeit also, aus der Eduard Fechners Zeichnung stammt. Es heißt da: »Das feine hübsche Gesichtchen mit den etwas fremdartig geschnittenen Augen, der freundliche Mund mit dem sentimentalen Zug, der dann und wann etwas spöttisch oder schmerzlich – besonders, wenn sie antwortet – sich verzieht, dazu das Graziös-Nachlässige in ihren Bewegungen – nicht studiert, aber weit über ihre Jahre hinausgehend –! Das alles, – als ich es sah – erregte in mir ein ganz eigentümliches Gefühl ... Es ist als wisse das Kind eine lange, aus Lust und Schmerz gewobene Geschichte zu erzählen, und dennoch – was weiß sie? – Musik.«

Florestan und Eusebius

Im April 1834 kam ein junges Mädchen als Schülerin und Pensionärin in das Wiecksche Haus. Sie hieß Ernestine von Fricken. Clara hatte sich gelegentlich eines Konzerts in Plauen mit ihr angefreundet; sie war schon achtzehn Jahre alt und gefiel ihr sehr. Es betrübte sie, daß ihr Vater sie kurz danach für längere Zeit nach Dresden schickte, angeblich, um musiktheoretischen Unterricht und Gesangsstunden dort zu nehmen, die sie genausogut in Leipzig hätte haben können. Offenbar mißfiel Friedrich Wieck die immer herzlicher werdende Beziehung zwischen Robert und Clara. Eine längere Trennung, so mochten seine Überlegungen sein, würde sie abkühlen. Darin irrte er. Nicht zum letztenmal.

Robert Schumann war, seit die Jurisprudenz hinter ihm lag, zu einem jungen Musiker herangewachsen, der Beachtung fand. Durch intensive Beschäftigung mit Bach und anderen großen Meistern, durch theoretische Studien bei Heinrich Dorn, dem Direktor der Leipziger Oper, war er kompositionstechnisch sicherer und seines Stiles bewußter geworden. Das war für Robert besonders wichtig, da ein Finger seiner rechten Hand bewegungsunfähig, die Pianistenkarriere daher hinfällig geworden war. Er hatte das Unglück durch gewaltsame mechanische Übungen selber verursacht. Seine Mutter tröstete er, nachdem sich das Leiden als unheilbar herausgestellt hatte: »Komponieren kann ich ohne ihn, und als reisender Virtuose würde ich kaum glücklicher sein.«

Doch im geheimen schmerzte ihn die Unmöglichkeit, sich ungehemmt auf dem Klavier ausdrücken zu können. Noch Jahre später klagte er einmal Clara: »... alle Musik steht so fertig und lebendig in mir, daß ich es hinhauchen müßte, und nun kann ich es nur zur Not herausbringen, stolpere mit dem einen Finger über den andern.«

1833 und 34 verlor Robert zwei Menschen, mit denen ihn innige Freundschaft verbunden hatte, seine Schwägerin Rosalie und den Bruder Julius. Tiefe Melancholie befiel ihn danach, auch eine unbestimmte namenlose Angst, mit der er nicht fertig zu werden vermochte. Sie gipfelte in dem Gedanken, »dem fürchterlichsten, den je ein Mensch haben kann – den Verstand zu verlieren«. Verstört lief er zu einem Arzt, der ihn beruhigte und ihm riet, so bald als möglich zu heiraten.

»Da nun kam Ernestine – ein Mädchen, so gut, wie die Welt je eines getragen ...« Er klammerte sich an sie, verliebte sich in die romantische Vorstellung, die er von ihr hatte, nicht in das durchschnittliche Geschöpf, das sie in Wirklichkeit war. Als Clara für kurze Zeit nach Leipzig kam, fand sie die beiden so gut wie verlobt vor. Sie flüchtete in die Küche und sagte dem Mädchen unter Tränen: »Ach, ich liebe doch Keinen so wie Den, und er hat mich nicht einmal angesehn!«

Das stimmte nicht. Schumann war von ihrem Wesen sogar tief beeindruckt. Er schrieb ihr später darüber: »Du schienst mir höher, fremdartiger – Du warst kein Kind mehr, mit dem ich hätte spielen und lachen mögen – Du sprachst so verständig und in Deinen Augen sah ich einen heimlich tiefen Strahl von Liebe.« Noch war alles unausgesprochen, noch blieb alles in der Schwebe, auch die Beziehung zu Ernestine von Fricken. Schumann hatte sich nicht offiziell mit ihr verlobt.

Im übrigen war er fleißig gewesen. Der ›Carnaval op. 9, Scènes mignonnes sur quatre notes‹ war entstanden: ein Maskenfest, unter dessen schattenhaften Gestalten Florestan und Eusebius auftauchen. Im Juli 1831 werden sie zum erstenmal in Roberts Tagebuch erwähnt: »Ganz neue Personen treten von heute ins Tagebuch – zwei meiner besten Freunde, die ich jedoch noch nie sah ...«

Robert bezeichnete damit, auch in späteren literarischen Veröffentlichungen, seine Doppelnatur. »Florestan ist einer von jenen seltenen Musikmenschen, die alles Zukünftige, Neue, Außerordentliche schon wie lange vorher geahnt haben ... Eusebius hingegen, so schwärmerisch als gelassen, zieht Blüte nach Blüte aus.«

Kurz nach dem ›Carnaval‹ entstanden die ›Symphonischen Etüden‹ und schließlich die ›Klaviersonate in fis-Moll op. 11‹, die in Roberts Beziehung zu Clara eine wichtige Rolle spielen sollte. Neben dieser intensiven schöpferischen Arbeit steht eine andere, eine, die seine ganze Kraft erfordert: Schumann hat die ›Neue Zeitschrift für Musik‹ gegründet. Er schildert ihre Entstehung später so:

»Zu Ende des Jahres 1833 fand sich in Leipzig allabendlich und wie zufällig, eine Anzahl meist jüngerer Musiker zusammen, zunächst zu geselliger Versammlung, nicht minder aber auch zum Austausch der Gedanken über die Kunst, die ihnen Speise und Trank des Lebens war – die Musik. Man kann nicht sagen, daß die damaligen musikalischen Zustände Deutschlands sehr erfreulich waren. Auf der Bühne herrschte noch Rossini, auf den Klavieren fast ausschließlich Herz und Hünten. Und doch waren nur erst wenige Jahre verflossen, daß Beethoven, Carl Maria von Weber und Franz Schubert unter uns

Marktplatz in Leipzig, zeitgenössische Darstellung

lebten ... Da fuhr denn eines Tages der Gedanke durch die jungen Brauseköpfe: laßt uns nicht müßig zusehen, greift an, daß es besser werde, greift an, daß die Poesie der Kunst wieder zu Ehren komme. So entstanden die ersten Blätter einer ›Neuen Zeitschrift für Musik‹.«

Mitarbeiter und Anhänger des Kreises waren Musiker wie Friedrich Wieck, Ludwig Berger und Schumanns bester Freund Ludwig Schunke, der leider früh an Schwindsucht starb, der Musikschriftsteller Ortlepp, der Maler Johann Peter Lyser und andere Künstler und Studierende. In Schumanns Phantasie formte sich dieser Kreis zu den Davidsbündlern, die gegen die Philister zu Felde zogen. »Der Davidsbund ist nur ein geistiger, romantischer«, schrieb er einem Mitarbeiter, »Mozart war ein ebenso großer Bündler, als es jetzt Berlioz ist. Florestan und Euseb ist meine Doppelnatur ... die anderen Verschleierten sind zum Teil Personen.«

Diese Verschleierungen waren oft recht durchsichtig: Felix Mendelssohn erscheint z. B. als Felix Meritis, Clara Wieck wird Zilia oder Chiarina genannt. Der Freundeskreis der Davidsbündler traf sich fast allabendlich im Leipziger Kaffeebaum, einem bekannten Lokal, das als erstes in Sachsen Kaffee ausgeschenkt hatte. Franz Brendel, Mitarbeiter der Zeitschrift und später Roberts Nachfolger, schildert den Eindruck, den er damals von Schumann hatte:

»Er pflegte seitwärts vom Tische zu sitzen, so daß er den Kopf auf den Arm stützen konnte, die häufig auf die Stirn fallenden Haare von derselben zurückstreifend, die Augen halb geschlossen, träumerisch in sich versunken. Dann aber auflebend bis zur Gesprächigkeit und Lebhaftigkeit, wenn ein ihm interessanter Ideenaustausch angeregt wurde, so daß man das Erwachen aus seiner Versunkenheit, ich möchte sagen, das Heraustreten in die Außenwelt, beobachten konnte.«

Das Erstaunlichste war, daß der bis dahin sorglos dahinträumende, praktischen Problemen gern ausweichende Robert mit seinen 24 Jahren die Zeitschrift von Anfang an zielbewußt zu gestalten verstand. Hierbei kamen ihm seine frühen praktischen Erfahrungen bei der Verlagsarbeit im Vaterhaus zugute. Er hatte bald in allen wichtigen Musikstädten – Paris, Wien, Brüssel, Amsterdam, Hamburg und Berlin – tüchtige Mitarbeiter, die für aktuelle Berichte sorgten. Unter ihnen war schon 1836 Richard Wagner, der später als H. Valentino aus Paris berichtete.

Den größten Teil der übrigen Beiträge schrieb Robert selber. Er entwickelte dabei einen ganz persönlichen Stil. Bei aller Schärfe der Beurteilung wurde fast jede Kritik zur romantischen Arabeske voller Witz, Satire, Ironie und tieferer Bedeutung. Seine Zeitschrift war damals fast die einzige in Deutschland, die von einem musikalischen Fachmann herausgegeben wurde. Das gab ihren Urteilen von vornherein besonderes Gewicht. Schumann führte den Kampf gegen Rückständigkeit und Banausentum nicht nur mit treffendem Witz und überzeugenden Argumenten, sondern auch mit fundierten Kenntnissen. In den zehn Jahren, in denen er die Zeitschrift redigierte – vom Dezember 1834 an war er auch ihr Besitzer –, fand sie wachsende Beachtung und wurde zu einer wichtigen kulturellen Stimme der Zeit.

Die Arbeit, die er dafür leisten mußte, war ungeheuer. Allein an

Der Kaffeebaum, in dem sich die Davidsbündler trafen

seine Mitarbeiter hat er im Verlauf von zehn Jahren Tausende von Briefen geschrieben: mit Mahnungen, Fragen, ausführlichen Anweisungen und Vorschlägen. Er führte ein Konzeptbuch darüber, las sämtliche Korrekturen und mußte außerdem die zu besprechenden neuen Werke studieren, wenn möglich, sich vorspielen lassen. Die Arbeit für die Zeitschrift nahm ihn von morgens bis abends in Anspruch. Es ist erstaunlich, daß er daneben noch zum Komponieren kam.

Im Herbst 1835 übernahm Felix Mendelssohn-Bartholdy die Direktion der Gewandhauskonzerte. Schumann lernte ihn kennen, als er im Gewandhaus seine Ouvertüre ›Meeresstille und glückliche Fahrt‹ aufführte. »Ich sagte ihm, daß ich alle seine Kompositionen gut kenne«, erinnerte sich Robert später. »Er antwortete etwas sehr Bescheidenes darauf. Der erste Eindruck: der eines unvergeßlichen Menschen.« Für Robert wurde diese Begegnung zur bedeutendsten jener Jahre.

Als geliebten Sohn eines klugen, wohlhabenden Vaters, als Enkel des Aufklärers Moses Mendelssohn, waren Felix von früh an alle jene Möglichkeiten der Ausbildung geboten worden, die Robert sich selber hatte erschließen müssen. Felix war einige Semester hindurch Student der Berliner Universität gewesen, hatte England, Frankreich, Italien und die Schweiz bereist. Er besaß weltmännischen Schliff und großen persönlichen Charme. Als er nach Leipzig kam, hatte er sich als Komponist bereits profiliert: Sein »Geniestreich« war ihm mit siebzehn Jahren gelungen: die ›Ouvertüre zum Sommernachtstraum‹, die seinen frühen Ruhm begründete. Wenig später dirigierte er die berühmt gewordene Aufführung der ›Matthäus-Passion‹ von Bach in der Berliner Singakademie; es war die erste, seit Johann Sebastian sein Werk in der Thomaskirche aufgeführt hatte. Sie leitete die Bach-Renaissance des 19. Jahrhunderts ein.

Bevor Felix nach Leipzig kam, war er schon zwei Jahre hindurch als städtischer Musikdirektor in Düsseldorf tätig gewesen. Dem berühmten Gewandhausorchester trat er mit unbefangener Arbeitsfreude entgegen; er konnte gleich zu Anfang wichtige Neuerungen einführen. So dirigierte er in den Konzerten auch die Symphonien,

Konzertsaal des alten Gewandhauses

die bisher dem Konzertmeister überlassen blieben, leistete vor jeder Aufführung sorgfältige Probenarbeit und führte den Dirigentenstab ein – etwas damals noch Ungewohntes. Sogar Schumann störte der »Tactirstab« zunächst. Er schrieb in seiner Zeitschrift, daß »in der Symphonie das Orchester wie eine Republik dastehen müsse, über die kein Höherer anzuerkennen«.

Schon in der ersten Saison führte Mendelssohn die ›Neunte Symphonie‹ von Beethoven auf, die damals noch als umstrittenes Werk galt. Er bemühte sich um klassische Chormusik, bevorzugte Bach, gab aber auch zeitgenössischen Komponisten eine Chance. Unter ihnen erscheinen die Namen von Schumann, Chopin, Niels W. Gade, Robert Franz und natürlich Mendelssohn selber. Seinem künstlerischen Ernst, seiner Fähigkeit, die Musizierenden zu begeistern und zu intensiver Mitarbeit zu gewinnen, gelang es in kurzer Zeit, das Gewandhausorchester zu einer Institution von internationalem Rang zu machen. Das dankte ihm das Publikum, in Leipzig durch jahrzehntelange Schulung ohnehin hellhöriger als anderswo.

Es wurde z. B. allgemein gelobt und hervorgehoben, daß die Leipziger sich im Konzert »so still« verhielten, daß die Damen während der Vorträge nicht strickten! Andernorts geschah das offenbar noch.

Robert Schumann beobachtete das alles in seiner stillen Art, doch mit intensiver Teilnahme. Er brachte Mendelssohn, dem nur um ein Jahr Älteren, Bewunderung, fast Verehrung entgegen. Als Claras sechzehnter Geburtstag gefeiert wurde, durfte er dabei nicht fehlen. Die Davidsbündler, Schumann und einige seiner Freunde, überreichten ihr eine goldene Uhr, und Clara spielte zur Feier des Tages mit Mendelssohn vierhändig. Auf seinen Wunsch trug sie auch Sätze aus Roberts neuer Sonate vor.

Bald darauf kam Frédéric Chopin nach Leipzig. Auch ihm mußte Clara vorspielen, sowohl aus seinen wie aus Schumanns Werken. Er lobte sie sehr. Auf Clara wirkte er durchaus als galanter Franzose, sein Spiel fand sie sehr zart; er war damals schon von Krankheit gezeichnet.

Am 9. November 1835 spielte sie im Gewandhaus ein eigenes ›Klavierkonzert mit Orchester‹ und andere Werke, darunter Bachs ›Konzert für drei Klaviere‹. Es erklang an diesem Abend zum erstenmal im Gewandhaus. Claras Partner waren Felix Mendelssohn und der Pianist Rakemann. Das junge Mädchen wurde enthusiastisch gefeiert; Mendelssohn, selber ein hervorragender Klavierspieler, schrieb seiner Schwester, Clara habe seine ›h-Moll-Caprice‹ »wie ein Teufelchen« gespielt. Weniger Eindruck machte ihre Komposition. Sie entsprach dem damals üblichen Virtuosenkonzert und zeigte nur in Einzelheiten, vor allem dem Mittelsatz, einer Romanze, persönlichere Züge.

Im darauffolgenden Winter kam es endlich zu einer Aussprache zwischen Robert und Clara. Als sie im Dezember in Zwickau konzertierte, hielt sich auch Schumann in seiner Geburtsstadt auf; die beiden jungen Menschen fanden mit traumhafter Selbstverständlichkeit zueinander. Die Atmosphäre dieser Begegnung hat Robert später in einem Brief an Clara festgehalten: »Morgen werden's drei Jahre, daß ich Dich in Zwickau abends küßte. Ich vergeß es nie, dieses Küssen … Du warst gar zu hold an jenem Abend. Und dann

Clara siebzehnjährig, Zeichnung von Elwine von Leyser

konntest Du mich im Konzert gar nicht ansehn, Du Clara Du, in Deinem blauen Kleide...«

In diesen Tagen wurde er sich auch über sein Verhältnis zu Ernestine klar. Er erkannte, daß er sie nicht wirklich liebte, und brachte den Mut auf, mit ihr zu brechen. Ernestine von Fricken hat Schumanns Absage tapfer und ohne Gehässigkeit hingenommen. Sie heiratete später einen Grafen Zedwitz. Auch Roberts Mutter zeigte sich in dieser Krise verständnisvoll. Es war seine letzte Begegnung mit ihr, sie starb im Frühjahr 1836.

In einem Brief an sie hatte Robert einmal Friedrich Wieck charakterisiert: »Von seinem Feuer, seinem Urteil und seiner Kunstansicht hast Du kaum einen Begriff, aber spricht er in seinem oder Claras Interesse, so wird er wild wie ein Bauer.«

Wie solche Wildheit aussehen konnte, läßt Roberts Tagebuch-Eintragung aus dem August 1831 erkennen, er schreibt dort: »Ich sah gestern einen Auftritt, dessen Eindruck unauslöschlich sein wird. Meister Raro (Wieck) ist doch ein böser Mensch; Alwin hatte nicht ordentlich gespielt: ›Du Bösewicht, ist das die Freude, die Du Deinem Vater machen solltest!‹ – Wie er ihn auf den Boden warf, bei den Haaren zauste, selbst zitterte und schwankte ... wie der Kleine bat und flehte, er wolle spielen...«

Ein merkwürdiges Nebeneinander von Realismus und Ahnungsvermögen wohnte in diesem Mann. Ursprünglich hatte er Pastor werden sollen, fühlte sich jedoch schon als Schüler zur Musik hingezogen. Aus eigener Kraft eignete er sich die notwendigen Kenntnisse an, gründete ein Pianofortegeschäft in Leipzig und galt in Deutschland bald als einer der fähigsten Klavierpädagogen. Er hat den zweifelnden jungen Schumann der musikalischen Lehre zugeführt, hat später Hans von Bülow unterrichtet und schon früh die Bedeutung Frédéric Chopins erkannt. Und er formte Clara zur Idealgestalt der erfolgreichen Schülerin. Schumanns romantische Schwärmereien – auch in seiner Zeitschrift erschienen unverhüllte Sympathieerklärungen für Chiarina-Clara – nahm er nicht ernst. Zudem glaubte er ihn an Ernestine fest gebunden. Erst als Robert diese Beziehung aufgab, als alle Anzeichen für eine echte Zuneigung

Felix Mendelssohn-Bartholdy, von Johann Peter Lyser im Kaffeebaum gezeichnet

zwischen ihm und Clara sprachen, beschloß er, seine Tochter aus Schumanns Einflußsphäre zu entfernen. Wieder brachte er sie nach Dresden; der Briefwechsel mit Robert wurde untersagt. Im Januar 1836 trägt sie etwas steif in ihr Tagebuch, das der Vater überwachte, ein: »Den 21. erhielt ich von Schumann seine neuesten ›Paganini-Etüden‹ nebst ein paar Worten. Ich freute mich sehr über seine Aufmerksamkeit.«

Am 4. Februar starb Roberts Mutter. Vom 7. bis 11. Februar war Wieck von Dresden abwesend. Schumann, der das erfahren hatte, reiste mit einem Freunde dorthin, um Clara endlich einmal ungestört sprechen zu können. Danach fuhr er nach Zwickau. Von diesem Aufenthalt berichtete er Clara bei Antritt der Rückreise nach Leipzig.

Auf der Zwickauer Post,
abends nach zehn Uhr
13. Februar 1836
Der Schlaf stand mir in den Augen. Schon seit zwei Stunden warte ich auf die Eilpost. Die Wege sind so zerstört, daß ich vielleicht erst um 2 fortkomme. – Wie Du vor mir stehst, meine geliebte, geliebte Clara, ach so nah dünkt es mir, als ob ich Dich fassen könnte ... Mein heutiger Tag war von mancherlei bewegt – ein offenes Testament meiner Mutter, Erzählungen von ihrem Sterben. Hinter allem Dunkeln steht aber immer Dein blühend Bild und ich trag alles leichter.

Auch darf ich Dir wohl sagen, daß meine Zukunft jetzt um vieles sicherer steht. Zwar darf ich nicht die Hände in den Schoß legen und muß noch viel schaffen, um das zu erringen, was Du kennst, wenn Du zufällig an dem Spiegel vorbeigehst – indeß wirst auch Du eine Künstlerin bleiben wollen ... d. h. Du wirst mittragen, mitarbeiten, Freud und Leid mit mir teilen wollen. Schreibe mir darüber.

In Leipzig wird mein erstes sein, meine äußeren Angelegenheiten in Ordnung zu bringen; mit den inneren bin ich im Reinen; vielleicht daß der Vater nicht die Hand zurückzieht, wenn ich ihn um seinen Segen bitte ... Wir sind vom Schicksal schon für einander bestimmt; schon lange wußt ich das, aber mein Hoffen war nicht so kühn, Dir es früher zu sagen und von Dir verstanden zu werden ... Wisse nur, daß ich Dich recht unsäglich liebe. Es wird dunkel in der Stube. Passagiere schlafen neben mir. Draußen stöberts und schneits. Ich aber will mich recht tief in eine Ecke bergen, mit dem Kopf in das Kissen, und nichts denken als Dich. – Lebe wohl, meine Clara.

Dein Robert

»Vielleicht daß der Vater nicht die Hand zurückzieht...« Wieck erfuhr von der Begegnung des jungen Paares nach seiner Rückkehr. Zornausbrüche, Beleidigungen, bösartige Anklagen folgten. Er drohte Schumann zu erschießen, falls dieser es noch einmal wagen sollte, mit Clara in Verbindung zu treten! Sie selber war vollständig eingeschüchtert und innerlich nun ganz auf sich gestellt. Gleichzeitig wurden ständig neue Höchstleistungen auf weiteren Konzertreisen von ihr gefordert. Es war eine harte Schule, durch die sie ging und noch Jahre hindurch gehen mußte. Ein schwächerer Charakter hätte sich sicherlich diesem Druck gebeugt und jedes gewünschte Zugeständnis gemacht. Doch jetzt erwies sich, daß sie wirklich »mehr Kraft als sechs Knaben« hatte. Äußerlich gehorchte sie dem Vater. An ihrer inneren Überzeugung änderte die Trennung nichts.

Daß Wieck sich zunächst gegen eine Heirat mit Robert sperrte, war in mancher Hinsicht verständlich. Schumanns späterer Aufstieg als Komponist war damals nicht vorauszusehen, die Zeitschrift hatte zwar literarischen Erfolg, bot aber keine Lebensbasis. Auch Roberts Einkünfte aus ererbtem Vermögen waren bescheiden. Daß Wieck für die zärtlich geliebte, unter persönlichen Opfern aufgezogene Clara ein glänzenderes Schicksal erhoffte als das an der Seite eines noch fast unbekannten jungen Musikers, war begreiflich. Vielleicht warnte ihn auch eine innere Stimme. Jedenfalls versuchte er mit allen Mitteln, Robert die Möglichkeit des Einwirkens auf Clara zu nehmen. Seine härteste Forderung war, daß Clara ihm seine Briefe zurückzusenden hatte, und zwar mit einem von ihm, Wieck, diktierten Schreiben. Man kann sich vorstellen, wie es ausfiel.

Schumanns ›fis-Moll-Sonate‹ war inzwischen im Druck erschienen: Clara zugeeignet von Florestan und Eusebius, stand auf dem Titelblatt. Auch diese Zusendung durfte Clara nicht beantworten.

Konzertreisen mit dem Vater, Unterrichtsstunden bei einem Gesangslehrer namens Banck, der ihr den Hof machte und in übler Weise gegen Schumann hetzte, im übrigen ein streng von beiden Eltern kontrollierter Alltag: so sah jetzt ihr Leben aus. Als Wieck eine Morgenunterhaltung im Börsensaal ansetzte, um Clara nach zweijähriger Pause wieder einmal dem Leipziger Publikum vorzustellen, empfand sie wenig Lust zu dieser Unternehmung. Schließlich nutzte sie die Gelegenheit, um wenigstens musikalisch mit Robert zu sprechen; seine neue ›Sonate in fis-Moll‹ stand auf ihrem Programm. Robert erschrak darüber sehr. Er fürchtete, daß sie ihn nicht mehr liebte, da ihr möglich sei, »wovor ein Mann gezittert hätte«. Clara schrieb ihm später darüber: »Hast Du Dir nicht gedacht, daß ich das spielte, weil ich kein anderes Mittel wußte, Dir mein Inneres ein wenig zu zeigen? Heimlich durft' ich es nicht, also tat ich es öffentlich. Meinst Du, mein Herz hätte dabei nicht gezittert?«

Durch einen gemeinsamen Freund, Ernst Adolf Becker, kam schließlich wieder ein schriftlicher Gedankenaustausch zustande. »Sind Sie noch treu und fest?« fragte Robert. »So unerschütterlich ich an Sie glaube, so wird doch auch der stärkste Mut an sich irre, wenn man gar nichts von dem hört, was einem das Liebste auf der Welt... Schreiben Sie mir nur ein einfaches Ja –«

Clara antwortete sofort. »Nur ein einfaches Ja verlangen Sie? So ein kleines Wörtchen – so wichtig. Doch – sollte nicht ein Herz so voll unaussprechlicher Liebe, wie das meine, dies kleine Wörtchen von ganzer Seele aussprechen können?«

Nach über einjähriger Pause sahen sich Robert und Clara im September 1837 wieder. Heimlich. Clara erinnerte sich später. »Beim ersten Wiedersehen warst Du so steif, so kalt; ich wäre auch gern herzlicher gewesen, doch ich war zu sehr erregt... Der Mond schien so schön auf Dein Gesicht, wenn Du den Hut abnahmst und mit der Hand über die Stirn strichst; ich hatte das schönste Gefühl, daß ich je gehabt, ich hatte mein Liebstes wiedergefunden.«

An Claras achtzehntem Geburtstag wandte sich Schumann in einem würdig gehaltenen Brief an Wieck. Er legte seine äußere Lage dar, bat um Verständnis, um wenigstens eine kleine Hoffnung auf später. Der Brief schloß: »Mit dem tiefsten Ausdruck, dessen ein geängstigtes, liebendes Herz fähig ist, flehe ich Sie an: seyn Sie segnend, einem Ihrer ältesten Freunde wieder Freund und dem besten Kinde der beste Vater!«

Doch Wieck verhielt sich völlig ablehnend. Auch ein Gespräch mit ihm verlief negativ. »Diese Kälte, dieser böse Wille, diese Verworrenheit, diese Widersprüche – er hat eine neue Art zu vernichten, er stößt einem das Messer mit dem Griff ins Herz.«

Friedrich Wieck hatte ein ganz klares Ziel vor Augen: Clara sollte europäischen Ruhm erlangen. Er wollte ernten, was er zehn Jahre lang in sie investiert hatte. Wenn Clara einmal heiratete, sollte es kein Musiker und kein Schriftsteller sein; vorläufig durfte sie überhaupt nicht heiraten. Sie sollte nicht lieben, sondern spielen! Und mit ihm in die Hauptstadt der europäischen Musik reisen: nach Wien.

Ein Gemisch von Engel und Mensch

Als Clara 1838 mit ihrem Vater nach Wien kam, war die Epoche aristokratischer Musikpflege eigentlich schon vorüber. Neue Formen des Konzertierens hatten sich mit dem wachsenden Selbstbewußtsein des Bürgertums entwickelt. Der Hofmusiker des 18. Jahrhunderts, der für die Musikabende seines Fürsten ständig neue Kompositionen zu liefern hatte, gehörte der Vergangenheit an. Die bedientenmäßige Anstellung der Musiker jener Zeit mochte viele Nachteile gehabt haben, einen Vorteil bot sie dem Komponisten: Er konnte alle Werke, die er schrieb – meist als Auftragsarbeit – sofort mit den nötigen Instrumenten ausprobieren. Auch waren die Auftraggeber häufig Musikkenner. Die Situation hatte sich geändert. Jetzt boten die Künstler Musik für Geld, und die Hörer nahmen sie für Geld. Der konzertierende Musiker mußte deshalb an die Wünsche des Publikums denken, das ihn bezahlte. Nur in seltenen Fällen waren die Hörer künstlerisch genügend vorgebildet, um anspruchsvolle neue Werke beurteilen und würdigen zu können. Die Virtuosen, die auf eigene Rechnung Konzerte veranstalteten – in Sälen von Gasthöfen oder Theatern –, hatten sich nach dem Geschmack dieses Publikums zu richten. Je raffinierter, je wirkungsvoller ihr Spiel war, um so größer der Erfolg. So verschwand aus den Virtuosenkonzerten nach und nach alles Problematische, oft sogar der langsame Satz, der zu Mozarts und Beethovens Zeit in Werken der Sonatenform die ruhende Mitte gebildet hatte.

Die Namen der damals beliebten Pianisten sind heute größtenteils vergessen. Sie hießen Henselt und Pixis, Kalkbrenner, Thalberg, Herz und Hünten. Czernys und Cramers Namen kennen wir noch von ihren Etüden. Nur Franz Liszt, als Pianist der bedeutendste, hat sich auch als Komponist durchsetzen können; die schillernde Vielfalt seiner Werke fasziniert noch heute große Teile des Publikums.

Bis zur Wiener Reise glichen Claras Programme aufs Haar denen jener beliebten Virtuosen. Auch ihre eigenen Kompositionen zeigten mehr oder weniger virtuosen Charakter. Nur in kleinerem Rahmen hatte Friedrich Wieck seiner Tochter erlaubt, künstlerisch anspruchsvollere Werke vorzutragen. In Wien war das anders. Hier lebten die großen Klassiker nicht als bloße Namen. Hier waren Haydn, Mozart und Beethoven noch Gegenwart, und das Urteil der Musikverständigen richtete sich nach Maßstäben, die sie aufgestellt hatten. Wieck erkannte mit seinem sechsten Sinn sofort, daß neben virtuosem Feuerwerk hier vor allem musikalische Werte geboten werden mußten. So spielte Clara gleich zu Beginn in einer größeren Privatgesellschaft, die auch Grillparzer und Nikolaus Lenau besuchten, Werke von Bach und Schubert. In einem eigenen Konzert setzte sie Beethovens ›f-Moll-Sonate‹, die ›Appassionata‹, aufs Programm. Es war das erste Mal seit dem Tode Beethovens, daß eine Sonate von ihm öffentlich gespielt wurde! Der Erfolg war ungeheuer. Wieck schrieb ins Tagebuch, daß Clara Mode geworden sei und alles zurückgedrückt habe. Der Reinertrag des Abends betrug 1035 Taler. In den Wirtshäusern wurde bald »Torte à la Wieck« angeboten, und

Claras Verehrer gingen hin und verspeisten diese »ätherisch hingehauchte Mehlspeise« – worüber sie selbst sich köstlich amüsierte.

Die größte Ehrung wurde ihr durch eine poetische Huldigung Grillparzers zuteil, die in einer Zeitschrift erschien:

Clara Wieck und Beethoven
(f-Moll-Sonate)

Ein Wundermann, der Welt, des Lebens satt,
Schloß seine Zauber grollend ein
Im festverwahrten, demantharten Schrein
Und warf den Schlüssel in das Meer und starb.
Die Menschlein mühen sich geschäftig ab,
Umsonst! Kein Sperrzeug löst das harte Schloß,
Und seine Zauber schlafen, wie ihr Meister.
Ein Schäferkind, am Strand des Meeres spielend,
Sieht zu der hastig unberuf'nen Jagd.
Sinnvoll – gedankenlos, wie Mädchen sind,
Senkt sie die weißen Finger in die Fluth
Und faßt, und hebt, und hats. – Es ist der Schlüssel!
Auf springt sie, auf, mit höhern Herzensschlägen,
Der Schrein blinkt wie aus Augen ihr entgegen.
Der Schlüssel paßt. Der Deckel fliegt. Die Geister,
Sie steigen auf und senken dienend sich
Der anmutreichen, unschuldsvollen Herrin,
Die sie mit weißen Fingern, spielend, lenkt.

Clara bedankte sich bei Grillparzer mit der Einladung zu einer Soiree, in der sie »den ›Carnaval‹ von Robert Schumann, ein schönes lebendiges Bild in Tönen«, vortragen wolle. Friedrich Wieck war klug genug, sich in der Öffentlichkeit seine Antipathie gegen Schumann nicht anmerken zu lassen. »Er spricht zu jedermann mit dem größten Enthusiasmus von Dir«, schreibt Clara nach Leipzig, »läßt mich von Dir vorspielen ... auch hat er gesagt, ich sollte nächstens Deine ›Toccata‹ und ›Etudes symphoniques‹ spielen.«

Durch diese Taktik hielt Wieck seine Tochter in Stimmung. Sie blieb auch physisch den großen Anstrengungen gewachsen, die der Wiener Aufenthalt ihr abverlangte. Fast jeden Abend mußten Vater und Tochter in eine Soiree, eine Gesellschaft oder zu einem Empfang gehen. Clara mußte sich produzieren, wurde gelobt, umworben, bestürmt, schließlich auch zu Hofe gebeten. Und für beinah jeden Abend mußte sie neue Werke einstudieren und diese auswendig vortragen.

Während ihre äußere Karriere ganz den vom Vater ersehnten Verlauf nahm, rückte sie innerlich dem Wesen ihres Robert näher. »Alles ist mir gleichgültig, außer der Kunst, die ich in Dir finde, Du bist meine Welt, meine Freude, Schmerz, alles, alles ...«

Roberts neue Kompositionen ergänzten seine ausführlichen Briefe. Beides konnte sie nur auf Umwegen empfangen. Heimlich mußte sie darin lesen, heimlich antworten. »Ich schreibe voll Herzensangst, stehend in meiner Kammer«, heißt es einmal. Selbst nachts durfte die Neunzehnjährige ihre Zimmertür nicht abschließen.

In der Silvesternacht 1837/38 dachte Robert an sie. Er schrieb: »Schon seit einer Stunde sitze ich da. Wollte Dir erst den ganzen Abend schreiben, habe aber keine Worte – nun setze Dich zu mir, schlinge Deinen Arm um mich, laß uns noch einmal in die Augen sehen, still – selig – Zwei Menschen lieben sich auf der Welt. Eben schlägt es drei Viertel. Die Menschen singen von ferne einen Choral – kennst Du die zwei, die sich lieben? Wie wir glücklich sind ...«

Auch er konnte Erfolge melden. Der Musikverein Euterpe hatte ihn zum Ehrenmitglied ernannt; das war eine noch neue Einrichtung in Leipzig, von Liebhabern begründet, in der sich junge konzertierende Künstler und Komponisten mit neuen Werken vorstellen konnten. Der Verein hatte schnell an Einfluß und Bedeutung gewonnen und veranstaltete wichtige Konzerte. In ähnlicher Weise wurde Schumann vom Niederländischen Musik-Verein in Rotterdam ausgezeichnet.

Außerdem berichtete er Clara beglückt: »Seit vier Wochen habe ich fast nichts als komponiert ... es strömt mir zu, ich sang immer mit... Mit den Formen spiel ich. Überhaupt ist mir seit etwa anderthalb Jahren, als wäre ich im Besitz des Geheimnisses.«

Er komponiert »dreißig putzige kleine Dinger«, die er ›Kinderszenen‹ nennt und nachträglich mit reizenden Überschriften versieht; er schreibt ein Heft ›Kreisleriana‹, »in denen Du und ein Gedanke von Dir die Hauptrolle spielen«. Er will das Heft Clara widmen.

Sie gibt sechs ausverkaufte Konzerte in Wien, im fünften kann sie neben Mendelssohns ›h-Moll-Capriccio‹ auch die ›Etudes symphoniques‹ von »einem gewissen Robert Schumann« mit großem Erfolg spielen. Man bittet sie um Mitwirkung bei prominenten Wohltätigkeitsveranstaltungen; schließlich wird sie, die Ausländerin, die Protestantin, vom Hof zur k. k. Kammervirtuosin ernannt. Sie teilt diesen ehrenvollen Titel mit nur sieben männlichen Kollegen, darunter Paganini!

Am Ende dieses Trubels, dieser Ehren und Aufregungen steht ein Erlebnis eigener Art: sie lernt den berühmten Franz Liszt kennen. Noch Jahre später erinnert sie sich an diesen Eindruck. »Als ich Liszt das erste Mal in Wien hörte, da konnte ich's nicht mehr aushalten, da habe ich laut geschluchzt, so hat es mich erschüttert.« Sie erkannte sofort die schöpferische Ausstrahlung dieses genialen Künstlers: »Er ist mit gar keinem Spieler zu vergleichen – steht einzig da ... Er zieht einen in sich hinein – man geht mit unter.«

Franz Liszt war nicht nur ein großer Musiker, sondern auch ein bezaubernder Kavalier. Er spielte mit Clara vierhändig und ließ sich von ihr Schumanns ›Carnaval‹ vortragen, den er für eines der größten Werke erklärte, das er kenne. In der ›Gazette musicale‹ fand er schmeichelhafte Worte für Claras »vollendete technische Beherrschung, Tiefe und Wahrheit des Gefühls und durchaus edle Haltung«.

Als Clara kurz nach dieser Begegnung einen sehr erfolgreichen Abend in Graz gab, schrieb sie hinterher an Robert: »Mir kommt mein Spiel jetzt so fad und ich weiß gar nicht wie vor... Seit ich Liszts Bravour gehört ... komme ich mir wie eine Schülerin vor.« Unerbittliche Selbstkritik war erwacht, die sie durch ihr ganzes Leben begleiten sollte.

Der wichtigste Erfolg dieser Wiener Zeit lag für Clara nicht in äußeren Ehren und vollen Sälen, nicht einmal in dem Bewußtsein, in der Rangordnung der Öffentlichkeit von nun an neben Liszt, Thalberg und Henselt genannt zu werden. Ein Mitarbeiter an Roberts Zeitschrift, der Arzt, Schriftsteller und Musiker Joseph Fischhof, schrieb: »Das Auftreten von Clara Wieck ist für Wien von wesentlichem, jetzt bereits fühlbarem Einfluß auf dem Gebiet des Klavierspiels gewesen; sie hat zum erstenmal Kompositionen aus der romantischen Schule öffentlich vorgeführt; kein geringes Wagnis einem Publikum gegenüber, das in keiner Weise darauf vorbereitet... war...« Der Widerhall, den ihr Eintreten für diese moderne musikalische Richtung fand, bestimmte von nun an ihren künstlerischen Weg. Die Zeit der Virtuosenprogramme war vorbei.

In Leipzig begannen die alten, quälenden, unlösbaren Probleme. Sie sollte Schumann nicht sehen, nicht sprechen, ihm nicht schreiben und womöglich auch nicht an ihn denken. Manchmal spielte sie nachts Kompositionen von ihm, während Robert auf der Straße vor ihren Fenstern stand und zuhörte. Traf man sich zufälligerweise in einem Lokal oder Ausflugsort, etwa dem beliebten Rosenthal, so mußte Clara wie eine Fremde an ihm vorübergehen, von beiden Eltern argwöhnisch beobachtet. Die Stiefmutter teilte Wiecks Meinung über ihn.

Clara war froh, daß sie den Sommer wieder in Dresden verbringen konnte. Der heimliche Briefwechsel mit Schumann beglückte sie, und eine für spätere Jahre wichtige Freundschaft mit der hochbegabten jungen Sängerin Pauline Garcia bahnte sich in dieser Zeit an. Pauline trat schon bald danach in London, Brüssel und Paris auf. Sie war eine temperamentvolle, geistreiche Künstlerin, ihrem ganzen Typus nach eine echte Vertreterin des romanischen Gesangsstils.

Mit Robert hatte Clara vereinbart, daß er im Herbst 1838 nach Wien gehen solle, um das dortige Terrain für seine Arbeit, vor allem für seine Zeitschrift, zu erkunden. Es war eine der absurden Forderungen Wiecks für eine spätere Eheschließung, daß das junge Paar nicht in Leipzig wohnen dürfe. Spätestens im Jahr von Claras Mündigkeit, so dachte Robert, würden sie heiraten können.

Um diese Zeit plante Wieck mit Clara erneut eine große Konzertreise, die vor allem nach Paris führen sollte. Am 8. September gab sie noch einen Abend im Gewandhaus. »Der Beifall war groß, die ›Erlkönig-Paraphrase‹ von Liszt mußte ich wiederholen«, heißt es im Tagebuch. Robert hatte wieder unter den Zuhörern gesessen, ohne ihr ein persönliches Zeichen seiner Liebe geben zu können. Doch vierzehn Tage später erschien in seiner Zeitschrift ein Gedicht:

> Traumbild am 9. abends
> Von oben gekommen ein Engelskind
> Am Flügel sitzt und auf Lieder sinnt …

Nach schwerem heimlichem Abschied, doch mit großen Erwartungen, reiste Schumann nach Wien, das Clara so begeistert umjubelt hatte. Die vormärzlichen Pressezustände dort, der Argwohn der Behörden gegen einen Ausländer und sicher auch sein eigenes, ganz undiplomatisches Verhalten erschwerten seine Bemühungen von vornherein. Vor allem hätte er, um sein Blatt in Wien herausgeben zu dürfen, Österreicher werden müssen; das wollte Schumann nie. Insgeheim forschte die Polizei nach seinem Leumund und geriet dabei offenbar an seine ärgsten Feinde. Das Leipziger Gutachten soll vernichtend gewesen sein.

Trotz dieser negativen Erfahrungen war der Wiener Aufenthalt künstlerisch anregend und förderlich. Einige schöne Klavierwerke entstanden: die ›Nachtstücke op. 23‹, der ›Faschingsschwank aus Wien‹ und anderes. Er freundete sich mit Franz Schuberts Bruder Ferdinand an und konnte aus seinen Händen die nachgelassene große ›C-Dur-Symphonie‹ in Empfang nehmen. Schumann erkannte ihre Bedeutung und übersandte sie Mendelssohn, der sie in Leipzig zur Uraufführung brachte. Eine Persönlichkeit seines Ranges vermißte Robert am schmerzlichsten in Wien. »Es fehlt durchaus nicht an Sinn für Gutes, aber an Gemeinsinn und Zusammenwirken.« In der noch ganz von höfischem Geist bestimmten Atmosphäre wurde ihm sein bürgerlicher Stolz bewußt: »Ich bin sehr gern in vornehmen und adligen Kreisen, sobald sie nicht mehr als ein einfaches höfliches Benehmen von mir fordern. Schmeicheln und mich unaufhörlich verbeugen kann ich aber freilich nicht, wie ich denn auch nichts von gewissen Salonfeinheiten besitze.«

Friedrich Wieck hatte inzwischen beschlossen, Clara nicht nach Paris zu begleiten, sondern sie allein fahren zu lassen – offenbar als Strafe für ihre mangelnde Gefügigkeit. Sie sollte auch nicht die gutmütige, ihr treu ergebene Nanny mitnehmen, sondern eine fremde Französin. Wieck hoffte offenbar, daß sie unter diesen Umständen auf die Reise verzichten oder an den Schwierigkeiten der Unternehmung scheitern und reumütig zurückkehren würde. Doch Clara war seine Tochter. Sie beugte sich nicht. Sie nahm die Herausforderung an. Am 8. Januar 1839, bei eisiger Kälte und Schneetreiben, reiste sie mit der Französin in einer Postkutsche ab, die teilweise über Felder und Gräben ausweichen mußte, um ans Ziel zu gelangen.

In Nürnberg war das erste Konzert. Sie schrieb von dort an Robert: »Alle Briefchen (was so zum Konzert gehört) muß ich selbst schreiben, Freibillette herumschicken, Stimmer, Instrumententräger besorgen und dabei studieren? Das ist ein wenig viel.« Noch gab es keine Konzertdirektionen und Agenturen. Alle Vorbereitungen, die sonst Friedrich Wieck getroffen hatte, mußte Clara jetzt selber treffen. Doch nicht nur ihr Können, auch ihr reizendes Wesen verhalfen ihr überall zum Erfolg.

Nach Aufenthalten in verschiedenen deutschen Städten gelangte sie am 6. Februar nach Paris und fand zunächst bei Emilie List und deren Vater freundliche Aufnahme. Später zog sie in ein Privatquartier in der Rue Michadière; im gleichen Hause wohnte Pauline Garcia, die musikalische Freundin des vergangenen Sommers. Clara, die bei aller Sensibilität und Gefühlswärme manche Ähnlichkeit mit ihrem Vater hatte, entwickelte nun zielbewußt einen Plan für die nächste Zeit. Sie übte systematisch, nahm Gesangsstunden und französischen Unterricht, besuchte den Komponisten Meyerbeer, der sie als Kind schon anerkennend beurteilt hatte, und M. Bertin, der ihr den Saal des Conservatoire für ein Konzert vermitteln wollte.

Die Französin, die sich als maliziös und betrügerisch erwies, wurde entlassen. Henriette Reichmann, ein junges Mädchen aus Stuttgart, blieb als ständige Gefährtin bei Clara. Allerdings schlugen

Robert Schumann in Wien, Zeichnung von Josef Kriehuber

manche Leute die Hände über dem Kopf zusammen, daß sie nicht mit einer Mutter, wenigstens einer Tante, aufwarten konnte! Claras nobles Wesen, ihre freimütige und zugleich zurückhaltende Art, gewannen ihr auch in der mondänen Pariser Gesellschaft schnell Sympathien. Trotz mancher Widrigkeiten waren ihre ersten Konzerte – eine Matinee, die der Verleger der ›Gazette musicale‹ veranstaltete, sowie ein Hauskonzert bei Professor Zimmermann vom Conservatoire – sehr erfolgreich. Allerdings mußte sie nun doch wieder virtuose Programme spielen, Stücke von Henselt, Liszt und Thalberg, die hier bekannt und geschätzt waren. Sie schrieb Robert darüber und sandte ihm ein Blümchen aus ihrem Bukett:

»Ich glaub ich hätte Dir gefallen gestern; ein schwarzes Kleid hatte ich an, das ist hier beliebt; ganz einfach, um das Haar eine weiße Kamelie, umgeben von so weißen Blümchen wie Inliegendes, und unter den Blumen die Brosche von der Kaiserin von Österreich. Lächelst Du jetzt nicht ob meiner kindischen Beschreibung? Ach, ich weiß es aber, ich hätte Dir doch gefallen, ganz nobel sah es aus.«

Eine große Freude bereitete ihr Robert durch die Zusendung der nun gedruckten ›Kinderszenen‹. »So ganz Du sind sie«, schrieb Clara. In Gesellschaften wagte sie jetzt bereits, Chopin und auch Schumanns ›Carnaval‹ zu spielen.

Briefe von Wien nach Paris brauchten damals etwa fünf bis sieben Tage. Durch ein technisches Versehen konnte Clara in den ersten Wochen ihres Aufenthaltes keine Nachrichten von Robert in Empfang nehmen – eine schwere psychische Belastung. Mißverständnisse und Verstimmungen blieben daher nicht aus. Um so mehr, als Wieck in diesen Wochen erneut versuchte, auf Clara Einfluß zu gewinnen: er appellierte an ihr Herz. Es war das erste Mal, daß er solche Töne anschlug; ihr Widerstand begann zu schmelzen. Sie bat ihn mit rührenden Worten um Verständnis für ihre Liebe und erklärte sich bereit, mit ihm nach Holland, Belgien und England zu reisen, wenn er es wünsche. Robert schlug sie, etwas unsicher, vor, die Hochzeit noch zu verschieben, bis sie sicher seien, 2000 Taler Einnahmen jährlich zu haben.

Roberts Erregung war groß, als er von dem erneuten Vorstoß des

Vaters erfuhr. Er war in dieser Zeit durch den Tod seines Bruders Eduard, durch die unüberwindlichen Wiener Schwierigkeiten und die Trennung von Clara tief bedrückt. Viele Briefe mußten zwischen Wien und Paris hin- und hergehen, bis Robert, nach einem reuevollen Schreiben von Clara, mit spürbarem Aufatmen feststellen konnte: »Mädchen sind ein Gemisch von Engel und Mensch...«

Um nichts unversucht zu lassen, wandte sich Robert jetzt noch einmal schriftlich an Wieck und bat um Einwilligung zur Heirat. Wiecks Bedingungen waren unannehmbar. An seinem 28. Geburtstag sandte Robert daher die Eingabe an Clara, die nun an das Appellationsgericht gehen mußte, um die Eheschließung ohne väterliche Einwilligung auf formellem Wege durchzusetzen. Clara unterschrieb, ohne zu zögern. Es war das erste Mal, daß die Namen Robert Schumann und Clara Wieck öffentlich zusammen in Erscheinung traten: Clara hatte sich zu ihm bekannt.

Bezeichnend für ihr Gerechtigkeitsgefühl und ihre Sachlichkeit in musikalischen Fragen ist eine Äußerung an Robert: »Weißt Du, wonach ich mich sehne? Das ist nach einer Stunde von meinem Vater; ich fürchte zurückzukommen, weil ich niemand mehr um mich habe, der mir meine Fehler sagt, und deren haben sich doch gewiß eingeschlichen, da ich beim Studium zu sehr mit der Musik beschäftigt bin und mich oft hinreißen lasse und dann die kranken Noten nicht höre.«

Sie übte gewissenhaft, unter anderem bestimmte Cramer-Etüden, eine Sonate von Scarlatti, auch virtuose Werke von Thalberg und Liszt, vor allem aber die neuen Kompositionen von Robert. Hingerisssen war sie von seiner ›C-Dur-Phantasie op. 17‹. »Es wird mir immer ganz warm und kalt dabei. Sag mir nur, was für einen Geist Du hast...«

Der Beginn dieser Komposition führte ins Jahr 1836 zurück, in Schumanns dunkelste Zeit, in der jede Verbindung zu Clara abgerissen war. »Es ist nur ein einziger Liebesschrei nach Dir ... der erste Satz davon ist wohl mein Passioniertestes, was ich je gemacht – eine tiefe Klage um Dich.«

In Altenburg, wohin Robert ihr entgegengereist war, sahen sich die Liebenden nach langer Trennung endlich wieder. Am 30. August 1839 kam Clara nach Leipzig, doch nicht mehr ins väterliche Haus. Sie wohnte bei Frau Carl, der Schwester ihrer Mutter. Diese war vor einiger Zeit von Robert in die Sorgen des jungen Paares eingeweiht worden; liebevoll hatte sie sich zu ihnen bekannt.

Es ist bezeichnend für Clara, daß sie sich in dieser noch unsicheren Zwischenzeit, vor dem Ausgang der gerichtlichen Entscheidung, bereits ernsthafte Gedanken um die Zukunft macht. Im August 1839 steht in ihrem Tagebuch: »Jetzt trachte ich auch danach, so viel als möglich mit der Künstlerin die Hausfrau zu vereinigen. Das ist eine schwere Aufgabe! Meine Kunst lasse ich nicht liegen, ich müßte mir ewige Vorwürfe machen. Sehr schwer denke ich mir die Führung einer Wirtschaft, immer das rechte Maß und Ziel zu treffen, nicht zu viel auszugeben, aber auch nicht in Geiz zu verfallen. Ich denke mit der Zeit alles das zu lernen.«

In dieser Zeit kam es zu einer Unterredung zwischen Clara und ihrem Vater. Sein Anblick erschütterte sie zunächst. »Doch stimmte mich ein wehmütiger Blick von ihm weich, so waren es seine rauhen Worte, die mich wieder verletzten und erkälteten. Ich begreife seine Härte nicht und seinen entsetzlichen Haß auf Robert, den er früher so sehr liebte.«

Anfang September traf Clara bei ihrer Mutter in Berlin ein. Sie war mit dem Musiker Adolf Bargiel verheiratet; für vier heranwachsende Kinder mußte gesorgt werden. Da Bargiel leidend war, unterrichtete Claras Mutter oft von morgens bis abends, um die notwendigen Mittel herbeizuschaffen. Clara gewann einen realistischen Einblick in die Schwierigkeiten, die sich aus den unsicheren Lebensverhältnissen eines freischaffenden Künstlers ergeben konnten.

Zum gleichen Zeitpunkt brach Roberts labile Natur unter der Last der Schwierigkeiten, den immer neuen, entwürdigenden Anklagen, die Wieck gegen ihn vorbrachte, fast zusammen. Depressionen und Beängstigungen quälten ihn, er schrieb überreizte, sprunghafte, ja verletzende Briefe an Clara, die sie tief bedrücken mußten.

Wieck verrannte sich in unannehmbare Forderungen. Er verlangte unter anderm, daß Clara auf die 2000 Taler verzichten solle, die sie sich durch ihr siebenjähriges Konzertieren verdient hatte; er verweigerte ihr auch eine Brautausstattung, wie sie damals allgemein üblich war. Als sie vor der Abreise von Leipzig um ihren Wintermantel gebeten hatte, wurde der Bote an der Wohnungstür von Wieck mit den Worten abgefertigt: »Wer ist denn die Mamsell Wieck? Ich kenne zwei Fräulein Wieck nur, das sind meine beiden kleinen Töchter, eine andere kenne ich nicht.«

Sein Feldzug gegen die einst so geliebte Tochter setzte sich auch fort, nachdem Clara in Berlin bei der Mutter lebte und von dort aus verschiedene Konzertbeziehungen anknüpfte. Er intrigierte gegen diese, indem er herabsetzende Briefe über Clara an deren Gönner schrieb und sogar der Hoffnung Ausdruck gab, der König von Preußen werde ihr Auftreten in Berlin verhindern, »da es gegen den Willen ihres Vaters erfolge«. Doch der König von Preußen klatschte der ungehorsamen Tochter im königlichen Schauspielhaus begeistert Beifall, und auch in anderen Städten, in denen sie auftrat, wußte man inzwischen von der zermürbenden Taktik des unversöhnlichen Vaters. Man nahm eigentlich überall für das schöne unglückliche Liebespaar Partei.

Zum zweiten Termin in Leipzig erschien Wieck persönlich. »Er war im höchsten Grade leidenschaftlich, so daß ihm der Präsident das Wort verbieten mußte – ich konnte es kaum ertragen, daß ihm diese Demütigung widerfahren mußte... Robert benahm sich sehr gut, ganz mit der ihm eigenen Ruhe... Ich liebe Robert nur noch um so mehr jetzt, für mich hat er sich müssen öffentlich beschimpfen lassen.«

Die Angelegenheit stand günstig, am 4. Januar sollte das Urteil gesprochen werden. Doch wieder wußte Wieck die Entscheidung durch einen neuen tückischen Einwand hinauszuschieben. Er forderte den Beweis, daß Schumann »kein Trinker« sei. Mendelssohn, Konzertmeister David, Graf Reuss und andere erboten sich, vor Gericht für Schumann zu zeugen. Und das Beste: er wurde genau zu diesem Zeitpunkt von der Universität Jena zum Doktor h. c. ernannt. So konnte er das Doktordiplom bei der gerichtlichen Auseinandersetzung mit in die Waagschale legen.

Nun, in der Gewißheit, daß sie sich bald angehören würden, überstürzen sich Roberts Einfälle. Das Klavier wird ihm zum ersten Mal zu eng, ein neues Medium lockt: die menschliche Stimme. Im Laufe eines einzigen Jahres entstanden über 130 seiner insgesamt 248 Lieder. Als erstes sandte er Clara eines der schönsten: den ›Nußbaum‹. »Es grünet ein Nußbaum vor dem Haus ...«

»Sing Dirs leise, einfach, wie Du bist. Bald schicke ich Dir mehr. Die vorigen Tage habe ich einen großen ›Zyklus Heine'scher Lieder‹ ganz fertig gemacht ... Wie mir dies alles leicht geworden, kann ich Dir nicht sagen, und wie glücklich ich dabei war.«

Dieses Leichte, Hingezauberte, aus der Fülle des Herzens Gesungene hat die Welt erobert. Dabei verleugnet sich der Klavierkomponist nie; doch Stimme und Instrument durchdringen, ergänzen, steigern einander, es entsteht eine Synthese zwischen Musik und Wort. Robert Schumann, der Literaturkundige, identifizierte sich mit seinen Dichtern. Er komponierte Goethe-, Burns-, Heine-Verse, dessen gebrochenes Lebensgefühl sich in seinen Vertonungen unheimlich genau abspiegelt. Er schreibt Kerner-, Chamisso-, Rükkert-Zyklen. Mit Eichendorff nähert er sich zum erstenmal der Naturwelt; die Zwischentöne, die Lockungen der Tiefe, ihre Schauder und Verzückungen gewinnen musikalische Dimensionen. In seinen Liedern spricht Robert Schumann, mehr vielleicht als in allen anderen Werken, die Sprache der Romantik.

Clara hatte, nach allerhand Widrigkeiten und gesundheitlichen Hemmungen, die sie tapfer überwand, große künstlerische Erfolge zu verzeichnen. Sie brachte von ihren Konzertreisen 970 Taler mit, von denen nach Abzug aller Unkosten noch 490 Taler übrigblieben.

In Leipzig herrschte inzwischen ein »tolles Leben«. Franz Liszt war, wie Schumann berichtete, »sehr aristokratisch verwöhnt hier angekommen und klagte immer über die fehlenden Toiletten und Gräfinnen und Prinzessinnen, daß es mich verdroß und ich ihm sagte, wir hätten hier auch unsere Aristokratie, nämlich 150 Buchhandlungen, 50 Buchdruckereien und 30 Journale und er solle sich nur in acht nehmen ... In den ganzen vorigen Tagen gab es nichts als Diners und Soupers, Musik und Champagner, Grafen und schöne

Frauen; kurz, er hat unser ganzes Leben umgestürzt. Wir lieben ihn alle ganz unbändig und gestern hat er wieder in seinem Konzert gespielt wie ein Gott.«

Doch dämmerte auch eine neue Erkenntnis in Robert auf. »Clärchen, diese Welt ist meine nicht mehr, ich meine seine. Die Kunst, wie Du sie übst, wie ich auch oft am Klavier beim Komponieren, diese schöne Gemütlichkeit geb ich doch nicht hin für all seine Pracht – und auch etwas Flitterwesen ist dabei, zu viel.«

Schumann und Liszt luden Clara ein, zu seinem nächsten Leipziger Konzert herüberzukommen. Sie erlebte sein Musizieren nun aus persönlicher Nähe und kritischer als in Wien. Sie fand, daß ihm virtuose Stücke weit besser lägen als Schumanns ›Carnaval‹, dessen Wiedergabe sie nicht überzeugte. Dagegen genoß sie seine geistreiche Unterhaltung. »Lange aber könnt ich nicht um ihn sein; diese Unruhe, dies Unstete, diese große Lebhaftigkeit, dies alles spannt einen sehr ab.

Am 4. April ging ich mit Robert nach Connewitz. Mir ist doch nie so wohl, so heimisch, als wenn ich mit ihm gehe! Er braucht gar nicht zu reden... Und wenn er mir leise einmal die Hand drückt, dann bin ich ganz beglückt im Innersten – ich fühle dann so ganz, daß ich sein Liebstes bin. Er hat mir heute viele seiner Lieder gezeigt – so hatte ich sie nicht erwartet! Mit der Liebe wächst auch meine Verehrung für ihn. Es ist keiner unter den jetzt Lebenden, der so begabt mit Musik.«

Als Nachklang dieser Frühlingstage, die das Paar auch wieder zu Claras Mutter nach Berlin führten, komponierte Robert eines seiner schönsten Lieder, Eichendorffs ›Mondnacht‹. In Berlin waren sie im Charlottenburger Schloßpark spazierengegangen, hatten Potsdam, Tegel und Stralau besucht und bei Mendelssohns musiziert: ein glückliches Liebespaar. Felix Mendelssohn sang bei ihrem Besuch zum erstenmal aus den neuen Liedern. Clara begleitete. Endlich, am 7. Juli 1840 erhielten Robert und Clara die Nachricht, daß die Heiratserlaubnis des Appellationsgerichtes ihnen in etwa einer Woche zugehen würde. Wieck hatte den Kampf aufgegeben.

Eine Konzertreise durch Thüringen, die letzte unter ihrem Mädchennamen, führte Clara diesmal in Begleitung der Tante Carl, der

Dorfkirche in Schönefeld bei Leipzig, in der Clara und Robert getraut wurden

Clara als Braut

Schwester ihrer Mutter, durch. Überall fand sie begeisterte und teilnahmsvolle Aufnahme. Ihre rührende Liebesgeschichte war auch hier in aller Munde. Sie spielte im Akademischen Rosensaal in Jena, dessen Universität Robert den Dr. h. c. verliehen hatte, und wurde an den Großherzoglichen Hof in Weimar geladen, wo sich gerade die Kaiserin von Rußland unter anderen »erlauchten« Hörern befand. »Lebhafte Konversation und etwas Hundegebell« störten Clara allerdings während des Musizierens empfindlich.

Die Trauung fand am 12. September 1840 in der Nähe von Leipzig, in der Dorfkirche von Schönefeld, statt. Ein Freund von Robert predigte. Emilie und Elise List waren zur Hochzeit gekommen, auch die Mutter aus Berlin und alle die Freunde, die jahrelang zu ihnen gehalten und in schweren Zeiten geholfen hatten. Sie verbrachten den Abend im Hause Carl. Getanzt wurde wenig, es herrschte eine stille, zufriedene Stimmung. Clara beendete ihr Mädchentagebuch, das der Vater vor 21 Jahren begonnen hatte, mit folgenden Worten:

»Nichts störte uns an diesem Tag, und so sei er denn auch in diesem Buche als der schönste und wichtigste meines Lebens aufgezeichnet. Eine Periode meines Lebens ist nun beschlossen; erfuhr ich gleich viel Trübes in meinen jungen Jahren schon, so doch auch manches Freudige, das ich nie vergessen will. Jetzt geht ein neues Leben an, ein schönes Leben, das Leben in dem, den man über Alles und sich selbst liebt, aber schwere Pflichten ruhen auch auf mir, und der Himmel verleihe mir Kraft, sie getreulich wie ein gutes Weib zu erfüllen – er hat mir immer beigestanden, und wird es auch ferner tun. Ich hatte immer einen großen Glauben an Gott und werde ihn ewig in mir erhalten.«

Künstlerehe

Schon im Juli 1840 waren Robert und Clara auf Wohnungssuche gegangen. Sie fanden ein »kleines, aber traulich freundliches Logis« im ersten Stock der Inselstr. 5. Dort zogen sie jetzt ein.

Zu diesem Zeitpunkt war Clara in der Öffentlichkeit die Berühmtere; auch im Ausland galt sie schon als anerkannte Pianistin. Robert hatte Verständnis und Beifall unter Musikern und Freunden gefunden, in der weiteren Öffentlichkeit waren seine Werke jedoch noch wenig bekannt. Clara, die seit frühester Kindheit im Licht dieser Öffentlichkeit lebte, war entschlossen, das Konzertieren nicht aufzugeben, wie es Robert im stillen wohl erhofft hatte.

Wie sehr eigenes Musizieren ihr Lebenselement war, verrät eine Tagebuchaufzeichnung aus späteren Jahren. Nach längerer Pause im Üben notiert sie: »Wenn ich so recht regelmäßig studieren kann, fühle ich mich doch eigentlich erst wieder so ganz in meinem Elemente; es ist, als ob eine ganz andre Stimmung über mich käme, viel leichter und freier, und alles erscheint mir heiterer und erfreulicher. Die Musik ist doch ein gutes Stück von meinem Leben, fehlt sie mir, so ist es, als wäre alle körperliche und geistige Elastizität von mir gewichen.«

Bei Roberts schwankenden Einnahmen waren zusätzliche Konzerthonorare durchaus willkommen. Auch hoffte Clara, durch ihre Interpretation seinen Werken zu schnellerer Verbreitung zu helfen. Dies war, vor allem in späteren Jahren, auch der Fall. Am liebsten hätte sie ihn ganz vom Druck alltäglicher Verpflichtungen entlastet. Seine schöpferische Arbeit sollte, ihrer Meinung nach, unbedingt den Vorrang haben. Diese Einstellung, aus heutiger Sicht durchaus verständlich, war damals, in einer ganz von Männern geprägten Berufswelt, unvorstellbar. Zunächst stand Clara vor der Schwierigkeit, neben Ehe- und Haushaltspflichten, die sie sehr ernst nahm, ihre Klavierstudien systematisch fortzusetzen. Ihre kompositorischen Versuche erschienen ihr, gemessen an Roberts Werken, allzu unbedeutend. Erst in späteren Jahren fand sie wieder Freude am Kompo-

Wohnhaus der Schumanns in Leipzig

nieren; sie wurde durch Robert auch zu kontrapunktischen Studien angeregt.

Das eigentliche Problem ihrer Ehe ergab sich, wenn Robert intensiv zu komponieren begann, wenn er sich zurückzog, um die Ausarbeitung eines Werkes vorzunehmen, das sich noch im Anfangsstadium befand. Dann störte ihn jedes Geräusch, jeder Ton. Über dieses Problem finden sich mehrfach Eintragungen in einem Tagebuch, das Robert seiner Frau am ersten Tag ihrer Ehe schenkte. Es sollte von beiden abwechselnd geführt werden, doch sind Claras Eintragungen die weit häufigeren.

Im Oktober 1842 schrieb Robert nach einem Auftreten von ihr: »Sorge macht mir oft, daß ich Clara in ihren Studien oft hindere, da sie mich nicht im Komponieren stören will. Denn ich weiß ja wohl, daß der öffentlich auftretende Künstler, und wenn er der größte, gewisse mechanische Übungen nie ganz unterlassen muß ... Was freilich die tiefere musikalische Bildung betrifft, so ist Clara gewiß nicht stehen geblieben, im Gegenteil fortgeschritten ... Aber jene mechanische Sicherheit zur Unfehlbarkeit gleichsam zu erhöhen, dazu fehlt es ihr jetzt manchmal an Zeit, und daran bin ich schuld und kann es doch nicht ändern. Clara sieht das auch ein, daß ich mein Talent zu pflegen habe, und daß ich jetzt in der schönsten Kraft bin und die Jugend noch nützen muß ... die Hauptsache ist doch immer das übrige Glück, und recht glücklich sind wir gewiß, daß wir uns besitzen und verstehen, so gut verstehen und lieben von ganzem Herzen.«

Am 1. September 1841 wurde »das erste Ehrenmitglied« des Ehebundes, die kleine Marie, geboren. Claras Mutter, Roberts Bruder Carl und Felix Mendelssohn-Bartholdy waren Taufpaten. Nach damaliger Sitte erhielt die kleine Marie eine Amme, und Clara konnte daher schon bald die gewohnten täglichen Spaziergänge mit Robert wieder aufnehmen, wie er es liebte. Durch ihn hatte sich Clara eine Welt aufgetan, an der sie bisher fast achtlos vorübergegangen war: die Welt der Romantik. Robert war ein Dichter – nicht nur mit der Schreibfeder, nicht nur am Instrument. In jeder Äußerung von ihm, jedem gemeinsamen Spaziergang, jedem Gespräch spiegelte sich seine schöpferische Phantasie.

Vor allem lasen Robert und Clara zusammen dichterische Werke: von Shakespeare, Goethe, aber auch von Jean Paul, Byron, Hebbel und vor allem moderne Lyrik. Sie studierten Partituren, vertieften sich in Bachsche Fugen. Das gab Claras Komponieren neue Impulse, die sich in ›3 Präludien und Fugen‹ niederschlugen. Auch in Roberts Rückert-Zyklus ›Liebesfrühling‹ fanden drei Lieder von Clara Aufnahme, die sie erst später als ihr ›op. 12‹ veröffentlicht hat.

Nach einem ›Klaviertrio in g-Moll‹ trat eine lange Pause in ihrem Schaffen ein. Ehe und Familie verlangten, neben den Studien der Pianistin, ihre ganze Kraft. Doch widmete sie Robert zu seinem 43. Geburtstag ›Variationen über ein Thema von Robert Schumann‹ »als

Notenhandschrift von Clara, Anfang eines Rückertliedes

schwachen Wiederversuch seiner alten Clara«. Die ehrliche Anerkennung, die sie damit bei ihm fand, inspirierte sie zu einigen ›Klavier-Romanzen op. 21‹, denen eine Liedergruppe für die Freundin und Sängerin Livia Frege folgte.

Unter den wenigen komponierenden Frauen des 19. Jahrhunderts – wie Luise Reichardt, Fanny Hensel – ist Clara die kenntnisreichste und kompositionstechnisch profilierteste gewesen. Einige ihrer Werke vermögen noch heute zu interessieren; sie wird nie sentimental, nie süßlich, ihre besten Einfälle zeichnet edle Herbheit aus. Die Erfahrungen des Komponierens kamen ihr später bei den Kadenzen zugute, die sie sich für verschiedene Klavierkonzerte schrieb, wie auch bei der Herausgabe der Schumannschen Werke.

Das Jahr 1840 hatte Schumann den Zugang zum Lied gebracht. Danach trat eine Pause, eine Zeit der Stille, ja, der Schwermut ein, in der ihm, wie er meinte, nichts so recht gelingen wollte. »Woher es kommt, weiß ich wohl ... habe mich auf ein Gebiet gewagt, auf dem freilich nicht jeder erste Schritt gelingt.«

Und dann, im Laufe von nur einer Woche, skizzierte er seine erste

Symphonie – die ›Frühlings-Symphonie‹. Sie sei in feuriger Stunde geboren, sagte er über dieses Werk, mit dem er bewies, daß er auch große Formen mit Leben erfüllen konnte. Am 20. Februar war die Instrumentation beendet, am 28. März wurde die neue Symphonie bereits von Felix Mendelssohn »mit größter Liebe und Aufmerksamkeit« im Gewandhaus probiert. Er führte sie drei Tage später in einem Konzert auf, das Clara zum Besten des Orchesters veranstaltete. Terminschwierigkeiten kannte man damals offenbar nicht; auch die Programme wurden nicht, wie heute, lange vorher festgelegt.

Die Zusammensetzung der Spielfolge war wieder erstaunlich bunt; Clara spielte mit Mendelssohn dessen ›Duo für 4 Hände‹, außerdem ›Adagio‹ und ›Rondo‹ aus Chopins ›2. Konzert‹, ferner Klavierstücke verschiedener Komponisten, darunter das ›Allegro op. 8‹ von Schumann. Man führte damals Solostücke und Lieder ohne weiteres zwischen großen Orchesterwerken auf. Sophie Schloß, die erste Interpretin Schumannscher Lieder, sang einige von diesen; das Kernstück des Abends bildete die neue ›B-Dur-Symphonie‹.

Clara berichtete an ihre Freundin Emilie List: »Ich wurde empfangen mit einem so anhaltenden Enthusiasmus, daß ich blaß und rot wurde, es hörte nicht auf, selbst als ich schon am Klavier saß ... daß dies mir Mut machte, kannst Du Dir denken ... ich spielte, wie ich mich selten erinnere, gespielt zu haben. Meines Mannes Symphonie errang sich einen Sieg über alle Kabalen und Intrigen –, nie hörte ich eine Symphonie mit solchem Beifall aufnehmen ... Mendelssohn dirigierte sie und war überhaupt das ganze Konzert hindurch der entzückendste Mensch, die größte Freude strahlte aus seinen Augen. Die Lieder machten auch entschieden Glück, und das letzte mußte die Schloß wiederholen.«

Robert nannte den Tag einen der wichtigsten in seinem Leben, der ihm unvergeßlich bleiben würde. »Clara spielte alles wie eine Meisterin und in erhöhter Spannung.«

Bald danach komponierte er für sie eine ›Phantasie-a-Moll‹ mit Orchesterbegleitung. Sie wurde später zum ersten Satz seines einzigen ›Klavierkonzertes‹. Doch schon beherrschten ihn Eingebungen zu einer neuen Symphonie, mit der er Clara an ihrem zweiundzwanzigsten Geburtstag überraschen konnte. Es war die heute als vierte bezeichnete ›Symphonie in d-Moll‹, die in erster Fassung 1841 im Gewandhaus aufgeführt wurde. Schumann zog sie danach zurück. In neuer Instrumentierung erklang sie erst 1851 in Düsseldorf. In der Zeit dieser ersten großen Leipziger Erfolge schrieb Robert einmal: »Eines beglückt mich, das Bewußtsein, noch lange nicht am Ziel zu sein und immer noch Besseres leisten zu müssen, und dann das Gefühl der Kraft, daß ich es erreichen kann.«

Auch die erste Konzertreise, die sie als Ehepaar unternahmen, verlief für beide erfolgreich. In Hamburg wurde Clara bestürmt, einer weiteren Einladung nach Kopenhagen zu folgen. Robert mußte, der Zeitschrift wegen, nach Leipzig zurückkehren; es gab quälende Überlegungen, schließlich trennten sie sich. Clara reiste mit einer jungen Begleiterin gen Norden, Robert fuhr nach Hause. Für damalige Begriffe etwas Unerhörtes! Das Problem beschäftigte ihn noch lange Zeit. Er schrieb im Tagebuch:

»Die Trennung hat mir meine sonderbare, schwierige Stellung wieder recht fühlbar gemacht. Soll ich denn mein Talent vernachlässigen, um Dir als Begleiter auf der Reise zu dienen? Hast Du, sollst Du deshalb Dein Talent ungenützt lassen, weil ich nun einmal an Zeitung und Klavier gefesselt bin?... Wir haben den Ausweg getroffen. Du nahmst Dir eine Begleiterin, ich kehrte zum Kind zurück und zu meiner Arbeit. Aber was wird die Welt sagen?«

Clara hatte Hamburg am 19. März auf dem Schiff Christian VIII. verlassen. »Mir war entsetzlich zumute, als wir vom Lande abstießen; was seufzte ich nach Robert, nach der Kleinen...« Es war die erste Trennung seit der Hochzeit. Kopenhagen wurde ein großer Erfolg, sie gab drei selbständige Konzerte, zum Teil im Theater, und der Reingewinn betrug nach Abzug der Unkosten über 940 Taler. Gerne hätte sie Roberts ›1. Symphonie‹ in Kopenhagen zur Aufführung verholfen. Es scheiterte an den dortigen Orchesterverhältnissen. Robert nahm ihre Mitteilung darüber gelassen auf. Er schrieb zurück: »In zehn Jahren geben sie sie ohnehin, das weiß ich. Die Welt kann doch nicht bei Beethoven stehen bleiben.«

Nach ihrer Rückkehr fand sie zu Hause alles schön bekränzt vor, ein neuer Teppich war angeschafft worden, und das »Engelchen Marie« empfing die Mutter strahlend und mit roten Bäckchen. In den folgenden Monaten wandte sich Robert wieder einem neuen Gebiet zu, das ihn bisher noch nicht beschäftigt hatte. Er überraschte Clara diesmal an ihrem Geburtstag mit der häuslichen Aufführung von drei neuen Streichquartetten. »Meine Ehrfurcht vor seinem Genie, seinem Geiste, überhaupt vor dem ganzen Komponisten steigt mit jedem Werk ... Da ist alles neu, dabei klar, fein durchgearbeitet und immer quartettmäßig.«

Wie schon bei der Komposition der Klavierwerke, dann der Lieder, die in großen Gruppen meist schnell hintereinander entstanden, ging Schumann nun auch bei dieser Arbeit vor. Den Streichquartetten folgten das ›Es-Dur-Klavierquartett‹ und das ›Quintett op. 44‹. Über die Entstehung des Quintetts steht in Roberts Tagebuch: »23. September 1842 Anflug zu einem Quintett. 24. September 1842 Erster Satz des Quintetts fertig.«

In den folgenden Tagen wird die fortschreitende Arbeit an diesem Werk vermerkt und am 12. Oktober: »Mein Quintett fertig aufgeschrieben.«

Mit diesem Werk hat sich Schumann überall sehr schnell Freunde erworben. Es ist Clara gewidmet. Sie spielte es bis ins hohe Alter hinein mit wechselnden Partnern und immer gleicher Passion.

Unausgesprochen, von Clara zweifellos zuweilen schmerzlich empfunden, stand ihrem Glück nur das gestörte Verhältnis zu Friedrich Wieck entgegen. Seit der Entscheidung des Appellationsgerichtes war die Verbindung abgerissen. Es dauerte lange, bis Wieck, nach ersten Grußworten von Clara, im Januar 1843 vorsichtig sondierende Worte an seine Tochter schrieb. »Dein Mann und ich, wir sind zwei harte Köpfe – die muß man gehen lassen, aber gesinnungsvoll sind wir. Folglich kann ihn nicht wundern, wenn ich wie immer seinem Fleiß und seiner Schöpferkraft Gerechtigkeit widerfahren zu lassen wünsche. Komme bald nach Dresden und führe hier Deines

Mannes Quintett auf«, hieß es darin. Friedrich Wieck war nach Claras Heirat mit der Familie nach Dresden übergesiedelt. Clara antwortete ihm herzlich. Sie kündigte ihren Besuch an, den sie im Februar 1843 auch ausführte.

Den bisher stärksten Widerhall erlebte Schumann im Dezember dieses Jahres mit seinem neuesten Werk ›Das Paradies und die Peri‹, einem weltlichen Oratorium nach dem poetischen Text von Thomas Moore. »Einige Oratorien von Löwe ausgenommen, wüßte ich in der Musik nichts ähnliches«, schreibt Schumann im Tagebuch, aber auch: »...und eine Stimme flüsterte mir manchmal zu, als ich schrieb, dies ist nicht ganz umsonst, was Du tust.«

Bald nach der Uraufführung meldete sich Wieck erneut, diesmal mit einem Brief an Robert. Er ist charakteristisch für seine unverblümte Art, sein ungebrochenes Selbstbewußtsein.

Lieber Schumann,
Tempora mutantur et nos mutamur in eis. Wir können uns, der Clara und der Welt gegenüber, nicht mehr fernstehen. Sie sind jetzt auch Familienvater – warum lange Erklärung? In der Kunst waren wir immer einig – ich war sogar Ihr Lehrer – mein Ausspruch entschied für Ihre jetzige Laufbahn. Meiner Teilnahme für Ihr Talent und Ihre schönen und wahren Bestrebungen brauche ich Sie nicht zu versichern.
Mit Freuden erwartet Sie in Dresden Ihr Vater
Fr. Wieck

Zur Aufführung von Schumanns neuestem Werk kamen Robert und Clara im Dezember 1843 nach Dresden. Nach langen Jahren der Erbitterung und des Schweigens wurde das Weihnachtsfest nun gemeinsam im Hause Wieck begangen. Es zeugt für Roberts noble und gelassene Haltung, daß er das Vergangene begrub und die Anerkennung durch den Schwiegervater als Zeichen dafür nahm, wie sehr er selbst seit 1840 an geistigem Terrain und künstlerischer Bedeutung in den Augen der Musikwelt gewonnen hatte.

Nur kurze Pausen blieben Clara in den folgenden Jahren zwischen den Geburten ihrer acht Kinder. Das zweite, Elise, wurde im April 1843 in Leipzig geboren. Auch während der Schwangerschaften, die nicht immer ohne Komplikationen verliefen, ließ ihre geistige Aktivität nicht nach. Sie nahm an allen musikalischen Ereignissen lebhaften Anteil und unterstützte Robert jahrelang bei der mühsamen Herstellung der Klavierauszüge seiner größeren Werke. Sie wurden meist vierhändig eingerichtet, eine Gepflogenheit, die sich noch lange erhielt.

Trotz aller Umsicht und Bescheidenheit in der äußeren Lebensführung tauchten immer wieder finanzielle Schwierigkeiten auf. Auch Roberts Lehrtätigkeit an der 1843 von Felix Mendelssohn in Leipzig gegründeten Musikschule bot keine ausreichende Basis für eine Familie. »Wir verbrauchen mehr, als wir verdienen«, notiert Robert im Tagebuch.

Zwar konnte er seine neuen Werke an Musikverlage verkaufen, doch die damals üblichen Pauschalzahlungen für diese hielten sich in sehr bescheidenen Grenzen. Das Liederheft ›Myrthen op. 25‹ wurde mit 55 Talern bezahlt, die ›drei Streichquartette op. 41‹ mit 120 Talern; ebensoviel betrug das Honorar für seine ›1. Symphonie‹. Am höchsten wurde ›Das Paradies und die Peri‹ bewertet, er bekam dafür 550 Taler. Im Verhältnis zu den Konzerteinnahmen, die Clara zum Beispiel während der dänischen Reise erzielt hatte – nach Abzug der Unkosten blieben ihr 940 Taler Gewinn – müssen diese Summen niedrig genannt werden. So wurde 1844 ein seit langem erwogener Plan durchgeführt: eine Konzertreise nach Rußland. Vorher legte Schumann die Leitung der ›Neuen Zeitschrift für Musik‹ in die Hände des Mitarbeiters Oswald Lorenz.

Clara und Robert unternahmen die anstrengende Reise in der Hoffnung, neben materiellem Gewinn ein neues, noch unerschlossenes Gebiet für den Komponisten Robert Schumann erobern zu können. Beides gelang. Claras Ruf als Virtuosin war der Petersburger Gesellschaft seit langem bekannt. Von Dr. Robert Schumann wußten die meisten allerdings nur, daß er der Herausgeber einer vielbeachteten Musikzeitschrift war; von seinen Kompositionen so gut wie nichts.

Die Kinder, Marie und Elise, letztere erst einjährig, waren Verwandten übergeben worden. Über Berlin ging es mit der Post nach Königsberg. Dort gab Clara zwei Konzerte im Theater. Sie hatte großen Erfolg, fror aber entsetzlich, denn das Haus war ungeheizt und man befand sich im Februar. Ihre Konzerte in Riga, Mitau und Dorpat bestritt sie allein, da es sich als das Zweckmäßigste erwiesen hatte.

Von der Grenze an wurde mit Schlitten gefahren. »Wir nahmen eine Extra-Diligence bis Petersburg, wo wir einen Kondukteur bis Petersburg mithaben und uns um nichts zu kümmern brauchen.« Die Fahrt von Dorpat dorthin dauerte drei Tage. »Du mußt wissen«, schreibt sie dem Vater, »daß man auf jeder Station ein schönes Posthaus findet, wo man die Nacht bleiben und essen und trinken kann, was man will, und so soll es bis Petersburg gehen. Die Reise ist keineswegs so beschwerlich und schrecklich, als wir geglaubt. Überall spricht man deutsch ... Von der Kälte haben wir bis jetzt vermittels unserer Pelze und Pelzdecken gar nicht gelitten, obgleich wir schon 2 Tage bei 12–15 Grad Kälte reisten. Die Häuser sind hier alle warm, eine gleiche Temperatur durch alle Zimmer, was einem wohltut ... Über drei Flüsse, größer als die Elbe, sind wir zu Wagen und Schlitten auf dem Eise gefahren, auf der Düna bei Riga halten die Bauern ihren Holzmarkt; mitten auf dem Fluß stehen hunderte von

Der Kreml, Federzeichnung von Robert Schumann

Schlitten, mit Holz beladen, man geht wie auf der Straße, wir sind auch eine halbe Stunde darauf spazieren gefahren.«

Das russische Publikum lobte Clara sehr. »Ich kenne kein enthusiastischeres, dabei kunstsinnigeres Publikum als das hiesige.« Vier Wochen hielten sie sich in Petersburg auf, und Clara gab mehrere Konzerte, von denen die letzten beiden am erfolgreichsten waren. »Alles hängt hier vom Hof und der haute volee ab, die Presse und Zeitungen wirken nur wenig.«

Man lebte in Rußland damals noch wie in einem absolutistischen Staat des 18. Jahrhunderts. Ein musikbegeisterter Dilettant, Wielhorsky, veranstaltete eine Soiree mit Orchester bei sich; er hatte Schumann dafür gewonnen, seine ›1. Symphonie‹ einzustudieren und selber zu dirigieren. Clara wurde mehrmals an den Hof des Zaren gebeten und spielte dort auch im engsten Familienkreise. Lieblingsstück der Zarenfamilie wie auch des Konzertpublikums wurde Mendelssohns bekanntes ›Frühlingslied‹, das der Komponist

Clara gewidmet hatte. Sie mußte es manchmal dreimal wiederholen! Mit besonderem Verständnis wurde auch hier Schumanns ›Klavierquintett‹ aufgenommen, das Clara verschiedentlich mit ortsansässigen Musikern aufführte.

Am 30. Mai 1844 kehrten sie nach Leipzig zurück. Die Reineinnahmen der Reise beliefen sich auf 2300 Taler; Schumanns Werken war überall, in Fachkreisen und beim Publikum, aufrichtige Anerkennung zuteil geworden. Clara überstand die Strapazen dieser Unternehmung mit ihrer elastischen Natur und dank des jahrelangen Trainings im Konzertieren weit besser als Robert. Da er sich als Musiker in der Öffentlichkeit nicht produzieren konnte, passiv bleiben und ständig gesellschaftlichen Verpflichtungen nachkommen mußte, die ihn unbefriedigt ließen, quälte ihn die erzwungene geistige Untätigkeit ebenso wie die unvermeidliche äußere Unruhe des Reiselebens. Zum Komponieren war er gar nicht gekommen. Aus der Situation des Prinzgemahls hatten sich Kränkungen ergeben, die er nur schwer verwand, während Clara sie kaum bemerkte. Ablenkung und Trost suchte er in dichterischen Versuchen und in der intensiven Beschäftigung mit Goethes ›Faust‹. Er dachte damals sogar an eine Oper dieses Themas. Bald nach der Rückkehr begann er einige Szenen daraus zu komponieren. Der Stoff hat ihn fast zehn Jahre beschäftigt, bis er in dreizehn Szenen, die von einer Ouvertüre eingeleitet werden, seine endgültige musikalische Gestalt fand.

Schumanns nervlicher Zustand war nach der Reise noch lange Zeit besorgniserregend, seine Produktionsfähigkeit aufs Empfindlichste gestört. Er sagte alle Verpflichtungen ab und gab auch seine Unterrichtstätigkeit an der erst vor kurzem gegründeten Musikschule auf. Als besonders schmerzlich empfand er, daß Felix Mendelssohn-Bartholdy die Leitung der Gewandhauskonzerte niedergelegt hatte. Zu seinem Nachfolger war nicht Schumann, sondern der dänische Komponist Niels W. Gade ernannt worden – eine Kränkung, die Robert in dieser Zeit tiefer Depression besonders hart traf. Dabei hätte sich das Zusammenwirken mit Gade, der sein aufrichtiger Verehrer war, künstlerisch durchaus fruchtbar gestalten können.

Robert und Clara strebten nun von Leipzig fort. Aus gesundheitlichen Gründen wurde Dresden als Aufenthaltsort gewählt – wie beide zunächst meinten, für einige Monate. Die Zeitschrift überließ Schumann wieder Oswald Lorenz, den im Januar 1845 Franz Brendel ablöste. Dieser erwarb das Blatt, das in kurzer Zeit zum Kampfblatt der Neudeutschen Schule wurde, deren bedeutendste Vertreter Franz Liszt und Richard Wagner waren.

Zum Abschied spielte Clara zum erstenmal das ›Es-Dur-Klavierkonzert‹ von Beethoven, vom Gewandhauspublikum enthusiastisch aufgenommen. Auch eine Matinee mit Werken von Robert Schumann löste Bewunderung und aufrichtiges Bedauern über ihr Fortgehen aus.

Aus dem geistig so lebendigen, dem demokratischen Leipzig kamen sie in eine vormärzliche Residenz. Dresden war eine schön gelegene Stadt, reich an Tradition, an kostbaren Schlössern, Museen und Gärten. Aber es war kein Zentrum, kein Ausgangspunkt geistiger Aktivitäten. Der Hof dominierte, ein gewisses Spießbürgertum herrschte. »Der Zopf hängt ihnen hier noch gewaltig«, stellte Robert sehr bald enttäuscht fest. Während er in Leipzig Ansehen genossen und jedes seiner neuen Werke Aufmerksamkeit und Teilnahme erregt hatte, blieb er in Dresden von Anfang an isoliert. Das sollte sich im Laufe der sechs Jahre, die Schumanns hier zubrachten, nicht ändern.

Die Brühlsche Terrasse in Dresden

Idyll und Revolte

Schumann hatte bei dem Ortswechsel vor allem nicht bedacht, daß der Komponist die enge Fühlung mit gleichdenkenden Musikern, einem hervorragenden Orchester, kurz, mit einer musikalischen Atmosphäre braucht. Ferdinand Hiller, den er von Leipzig her kannte, war der einzige Kollege, mit dem er »ein ordentliches Wort über Musik« sprechen konnte. Er folgte schon 1847 einem Ruf nach Düsseldorf.

Nur eine geniale Persönlichkeit wirkte damals in Dresden: der Komponist und Hofkapellmeister Richard Wagner. Doch war sein Wesen dem Schumanns in vielem geradezu entgegengesetzt. Robert sah das sehr genau. »Er besitzt eine enorme Suada, steckt voller sich erdrückender Gedanken; man kann ihm nicht lange zuhören. Die ›9. Symphonie‹ von Beethoven wollte er durch eine Art Programm mit Stellen aus Goethes Faust dem Publikum näher zu bringen suchen. Ich konnte ihm deshalb nicht beistimmen.« Wagners großes dramatisches Talent war Schumann durchaus bewußt. Er hörte sich Wagners ›Tannhäuser‹ an und fand, »er enthält Tiefes, Originelles, überhaupt hundertmal Besseres als seine früheren Opern – freilich auch manches Musikalisch-Triviale. In Summa, er kann der Bühne von großer Bedeutung werden, und wie ich ihn kenne, hat er den Mut dazu.«

Clara brachte in häuslichen Musikabenden Roberts neueste Werke vor einem ausgewählten Freundeskreis zur Aufführung und veranstaltete Kammermusik-Soireen im Hotel de Saxe. In späteren Jahren hatte sie auch Schüler, eine wirtschaftlich erwünschte Hilfe. Da Dresden eine Stadt der Maler war, entstand freundschaftlicher Verkehr mit den besten Köpfen unter ihnen, Eduard Bendemann, Ernst Rietschel und Ludwig Richter, der einige Titelblätter für Schumannsche Kompositionen entwarf.

Robert spürte gerne auch fernerliegenden Problemen nach. Der Kreis der Freunde zog sich überhaupt immer weiter; beide Schumanns hatten das Talent, menschliche Beziehungen über Zeit und

Relief des Ehepaars von Ernst Rietschel

Raum hinweg lebendig zu erhalten. Neben den alten tauchen neue Namen auf – klangvolle Namen. »Eine große Ehre ist unserm Hause widerfahren«, notierte Schumann einmal. »Friedrich Hebbel besuchte uns auf seiner Durchreise. Das ist wohl die genialste Natur unserer Tage.«

Die Lektüre der ›Genoveva‹ regte Robert zu einer Oper gleichen Inhalts an. Auch andere Hebbelsche Werke las er mit Clara und vertonte auch Verse von ihm; ›Der Heideknabe‹ und ›Schön Hedwig‹ als Melodramen für Deklamation mit Klavierbegleitung; eine musikalische Form, die Robert später in der Vertonung des ›Manfred‹ mit Chor und Orchester zu höchster Vollendung führte.

Nach und nach trat eine neue Künstlergeneration in Erscheinung; Hans von Bülow, der begabte Schüler Friedrich Wiecks und spätere Dirigent der Berliner Philharmoniker, produzierte sich mehrfach bei

Schumanns. Auch der »kleine Joachim«, ein jugendlicher ungarischer Geiger, der ihnen von Leipzig her bekannt war und durch Felix Mendelssohn in jeder Weise gefördert wurde, stellte sich in Dresden mit Mendelssohns Violinkonzert vor. Damals war er vierzehn Jahre alt, hatte bereits im Gewandhaus und in England erfolgreich konzertiert und begegnete dem Ehepaar mehrfach in musikalischen Freundeskreisen. Einmal, nachdem er mit Mendelssohn die ›Kreutzer-Sonate‹ von Beethoven gespielt hatte, nahmen die Gäste in zwangloser Weise an kleinen Tischen das Abendbrot ein. Joachim fand neben Robert Schumann Platz. »Es war Sommerzeit, und durch die weitgeöffneten Fenster sah man den mit unzähligen Sternen besäten Nachthimmel. Da berührte Schumann, der lange schweigsam dagesessen hatte, leise das Knie seines kleinen Nachbarn, und mit der Hand auf den Sternenhimmel deutend, sagte er in seiner unnachahmlich gütigen Weise: ob wohl da droben Wesen existieren mögen, die wissen, wie schön hier auf Erden ein kleiner Junge mit Mendelssohn die ›Kreutzer-Sonate‹ gespielt hat?«

Mit sechzehn Jahren wurde Joseph Joachim Vizekonzertmeister im Gewandhaus und Lehrer am Leipziger Konservatorium. Seine Schüler waren damals oft erheblich älter als er selber. Doch erst Jahre später, als er Konzertmeister und schließlich auch Hofkapellmeister am Hannoverschen Hof wurde, sollte sich ein echtes Freundschaftsverhältnis zwischen ihm und dem Schumannschen Ehepaar entwikkeln.

Unter besonders glücklichen Sternen stand die Bekanntschaft mit der jungen Jenny Lind, der »schwedischen Nachtigall«, wie sie allgemein genannt wurde. Als sie das erste Mal in Leipzig sang, fuhr Clara zum Konzert hinüber. »Die Lind ist ein Gesangsgenie, wie sie in langer Zeit oft kaum einmal wiederkehren«, notierte sie danach. »Ihr Gesang kommt aus dem Innersten des Herzens, es ist kein Effekthaschen und keine Leidenschaft, die gleich packt, die aber tief ins Herz dringt, eine Wehmut und Melancholie in ihrer Art zu singen, die einen in Rührung versetzt, man mag wollen oder nicht ... Alles ist schön, wie sie es macht.«

Nach diesem Konzert, in dem Clara auf Mendelssohns Bitte für diesen eingesprungen war, lernte sie Jenny bei einem Souper auch persönlich kennen. »Hier gewann ich Jenny Lind doppelt lieb durch ihr anspruchsloses, ich möchte fast sagen, zurückhaltendes Wesen; man merkte kaum, daß sie da war, so still war sie –, sie ist mit einem Wort ein ebenso originelles Wesen, als sie ein großes Gesangsgenie ist.« Schon an diesem Abend spannen sich freundschaftliche Beziehungen an. Robert gewann in Jenny eine seiner verständnisvollsten Interpretinnen.

Sehr disharmonisch endete ein Wiedersehen mit Franz Liszt, dessen Leben, wie Mendelssohn sagte, »ein stetes Wechseln zwischen Skandal und Apotheose« geworden war. Liszt ließ Schumanns bei einem ihrer Musikabende stundenlang warten, spielte dann »schändlich schlecht«, nannte Schumanns schönes ›Klavierquintett‹ »zu leipzigerisch« und lobte zum Schluß Meyerbeer auf Kosten des von Robert so sehr verehrten Mendelssohn. Schumann erregte sich über diese Taktlosigkeit derart, daß er unter Protest das Zimmer verließ. Bei späteren musikalischen Kontakten wurde der Zwischenfall von beiden Seiten vorsichtig überbrückt, freundschaftliche Beziehungen stellten sich nicht wieder ein. Doch hat sich Liszt in späteren Jahren stets fair und ritterlich Clara gegenüber verhalten.

Da sich die künstlerische Atmosphäre in Dresden als so wenig ergiebig erwies, beschlossen Schumanns im Winter 1846/47 für einige Monate nach Wien zu gehen. Clara hatte die Stadt von ihren jugendlichen Triumphen her in bester Erinnerung. Sie träumte sogar von einer späteren Übersiedlung dorthin. Die jetzigen Erfahrungen waren jedoch von Anfang bis Ende entmutigend. Claras Auftreten mit einem künstlerisch anspruchsvollen Programm löste keineswegs die Sensation von 1838 aus, und für Roberts Werke zeigte nur ein kleiner Teil der Hörer Verständnis. Die Konzerte waren daher schlecht besucht, die Einnahmen enttäuschend. Sie verlebten mit Marie und Elise, die sie mitgenommen hatten, ein recht trauriges Weihnachtsfest in einem Privatquartier.

Als Jenny Lind im Januar 1847 zu Gastspielen in Wien eintraf und sich erbot, in Claras letztem Konzert mitzuwirken, wie diese es seinerzeit im Gewandhaus für Jenny getan hatte, war der Saal im

Handumdrehen ausverkauft. »Das Konzert war das schönste und brillanteste«, schreibt Clara, »bezahlte uns die ganze Reise und wir brachten noch 300 Taler nach Dresden mit... Ich konnte mich des bittersten Gefühls nicht erwehren, daß ein Lied der Lind bewirkte, was ich mit all meiner Spielerei nicht hatte erreichen können.« An ihrer freundschaftlichen Bewunderung für die junge Sängerin änderte diese Erkenntnis aber nichts. Robert war besonders von Jennys Einfühlungsvermögen beeindruckt, ihrem »klaren Verständnis von Musik und Text im ersten Nu des Überlesens... Zum Abschied belud sie uns noch mit Äpfeln und Zuckerwerk für die Kinder; wir schieden von ihr wie von einer himmlischen Erscheinung getroffen, so lieb und mild war sie.«

Während dieses Aufenthalts trafen Clara und Robert auch mit Joseph von Eichendorff und Franz Grillparzer zusammen.

Kurz nach der Rückkehr von Wien sahen sie sich in Berlin um, wo eine Aufführung von ›Das Paradies und die Peri‹ unter Roberts Leitung stattfand. Bei einer Matinee spielte Clara die Klavierpartie des ›Klavierquintetts‹ und ›-quartetts‹ sowie Werke von Bach, Mendelssohn und Chopin. Unter den Zuhörern waren, neben Mendelssohns Schwester Fanny Hensel, die berühmte Sängerin Henriette Sontag, nun Gräfin Rossi, der Intendant der Königlichen Oper, der Dichter Emanuel Geibel und verschiedene Vertreter des akademischen Berlin. Die neuen Freunde redeten ihnen zu, nach Berlin überzusiedeln, und die Möglichkeiten, die sich ihnen hier boten, erschienen ihnen verlockend. Ihre Neigung für den Plan erkaltete jedoch wieder, als Fanny Hensel bald darauf starb. Felix Mendelssohn folgte ihr im November 1847 in den Tod. Er ist nur 38 Jahre alt geworden. »Unser Schmerz ist groß«, schrieb Clara im Tagebuch, »denn uns war er ja nicht nur als Künstler, sondern auch als Mensch und Freund teuer!«

Robert beteiligte sich an den Leipziger Trauerfeierlichkeiten. Mit den bekannten Musikern Moscheles, Gade, David, Rietz und Joachim geleitete er den Sarg in die Paulinerkirche. Der Verlust dieses Freundes hat ihn tief erschüttert; noch lange Zeit danach beherrschte ihn der Gedanke an den Tod.

Anfänglich hatten Schumanns in der Dresdener Waisenhausstraße gewohnt, später bezogen sie ein hübsches Quartier im ersten Stock der Großen Reitbahnstraße 20. In Dresden wurden vier ihrer Kinder geboren: Julie 1845, Emil, der nur ein Jahr alt wurde, 1846. Die Söhne Ludwig und Ferdinand kamen 1848 und 1849 zur Welt. Robert litt in den ersten Dresdener Jahren häufig an Depressionen, Gehörstörungen, Schwindelanfällen und nervöser Angst vor hochgelegenen Räumen. Ähnliche Zustände hatten ihn auch während der russischen Reise gequält; sie stellten sich meist in Krisenzeiten ein. In Dresden erlebte er dazwischen Perioden von höchster Produktivität. So entstand hier Schumanns ›2. Symphonie op. 61‹. Er schrieb sie noch halb krank: »... erst im letzten Satz fing ich an, mich wieder zu fühlen.« Von besonderer Schönheit ist das Adagio dieses Werkes, das, wie die ›Frühlings-Symphonie‹, im Gewandhaus uraufgeführt wurde, deren Erfolg jedoch nicht erreichte.

Robert Schumann hatte von Ferdinand Hiller, der nach Düsseldorf ging, die Leitung der Dresdener Liedertafel übernommen und selber einen gemischten Chor gegründet. Für beide Vereinigungen schrieb er Kompositionen. Es entstand das ›Requiem für Mignon‹ nach Worten aus Goethes ›Wilhelm Meister‹, er setzte die Arbeit an den ›Szenen aus Goethes Faust‹ fort und vollendete das reizvolle ›Spanische Liederspiel‹. Auch die Musik zu Byrons dramatischem Gedicht ›Manfred‹ wurde in Dresden geschaffen. Clara nannte die Ouvertüre dazu »eines seiner poetischsten und ergreifendsten Stücke«. Die leidenschaftliche Größe dieser Musik hat bis heute nichts von ihrer Wirkung verloren, während die teils chorischen, teils melodramatisch geformten Szenen der Dichtung unserem Empfinden ferner stehen.

In Dresden vollendete Robert auch sein berühmtestes Werk für Klavier und Orchester, das ›a-Moll-Konzert op. 54‹. Der erste Satz war noch in Leipzig entstanden, zunächst als Phantasie für Clara gedacht. In der Instrumentierung des nun dreiteiligen Werkes hatte er auf ihre Anregung hin wichtige Änderungen vorgenommen. Sie war über diese Komposition besonders glücklich und hat sie bis ins hohe Alter hinein öffentlich gespielt.

Im Jahre 1847 und der ersten Hälfte des folgenden beschäftigte sich Robert intensiv mit dem ›Genoveva‹-Drama von Hebbel. Auch Tiecks Vorlage wurde herangezogen. Das Mittelalterlich-Romantische, der Legendenton des Stoffes faszinierten ihn. Ein Textentwurf seines Freundes Robert Reinick befriedigte ihn jedoch gar nicht. »Ein guter freundlicher Mensch, unser Reinick, aber schrecklich sentimental«, urteilte er. Schließlich machte er sich selber an die Arbeit. Und zwar gab er zunächst dem Text jedes einzelnen Aktes die gewünschte Form und komponierte anschließend die Musik dazu. So ging er bei allen vier Akten vor. »Er sagt«, notiert Clara, »noch keine Arbeit habe ihm solches Vergnügen bereitet.« Doch Schumann war Musiker, Poet, kein Bühnenkenner wie Wagner. So fehlt dem Text die überzeugende Konzeption, der Musik der dramatische Atem. Gerade das, was ihn am Stoff so besonders angezogen hatte, erwies sich bei der Operngestaltung als Hemmnis.

Nebenher schrieb er ein ›Liederalbum für die Jugend‹, auch reizende ›Vierhändige Klavierstücke für Kinder‹. Sie waren natürlich in erster Linie den eigenen zugedacht. In Dresden beschäftigte er sich viel mit ihnen, am liebsten in der Dämmerstunde. Solange sie klein waren, ließ er sie auf seinen Knien reiten, trieb allerhand kleine Scherze mit ihnen, erzählte Geschichten. Am Klavier spielte er kleine Stückchen für sie. Im ›Erinnerungsbüchlein für unsere Kinder‹ vermerkte er 1846, daß Marie und Elise helle, klare Stimmen hätten und gerne sängen. Marie erhielt in dieser Zeit den ersten Klavierunterricht. Am 30. Juni 1847 konnte sie schon 22 Übungen spielen; sie war noch keine sechs Jahre alt. Offenbar war sie ein phantasievolles, sehr nachdenkliches Kind. Auf einem Spaziergang fragte sie einmal: »Nicht wahr, Papa, der Stern dort steht neben dem Mond, damit der nicht so allein ist?« Ein andermal erklärte sie: »Gott hat alles gemacht, Menschen und Tiere und die ganze Welt – und wenn Gott nicht wäre, so gäb's auch keinen Gott!«

Robert ging mit den Kindern spazieren, zeigte ihnen Blumen und schöne Schmetterlinge. Doch dieses Idyll war trügerisch. In das besinnliche Leben der Familie drängte sich in den folgenden Jahren mehr und mehr die Politik. Nach einer Leipziger Soiree stellte Clara

Notentitel von Ludwig Richter

einmal fest: »Die Gesellschaft war eine sehr angenehme, doch ist jetzt so kein rechtes freudiges Zusammensein, die fatale Politik verfolgt einen immerfort!« Als sie von den Märzunruhen in Berlin erfuhr, notierte sie erregt: »Der König will nicht nachgeben, die Bürger kämpfen furchtbar mit dem Militär ... über tausend Menschen sollen gefallen sein, was hat so ein König auf dem Gewissen!« Etwas später stellt sie, offenbar auf Grund eigener Erfahrungen, fest: »Traurig ist es zu sehen, wie wenig wahrhaft freisinnige Menschen es unter dem gebildeten Stande gibt.« Eine Aufführung von Goethes ›Egmont‹ erlebte sie unter ganz neuen Gesichtspunkten; sie fand, daß die Handlung so recht in die Zeit passe. Robert bemerkte 1848 einmal: »Großes Revolutionsjahr. Mehr Zeitungen gelesen als Bücher.«

Über den Dresdener Maiaufstand finden sich ausführliche Eintragungen von Claras Hand im Tagebuch:

»Donnerstag, den 3. gingen wir zu Tisch auf die Villa im Plauenschen Grund und schwelgten so recht in der herrlichen Natur – wie es unterdes in der Stadt aussah, ahnten wir freilich nicht. Kaum waren wir eine halbe Stunde zu Haus, als Generalmarsch geschlagen und von allen Türmen Sturm geläutet wurde, bald auch hörten wir Schüsse. Der König hatte die Reichsverfassung nicht anerkennen wollen, bevor es nicht Preußen getan, und da hatte man denn die Stränge seines Wagens, in dem er fliehen wollte, zerschnitten, ihn somit gezwungen, zu bleiben, und versucht, sich des Zeughauses zu bemächtigen, von wo aus aber unter das Volk gefeuert wurde. Daß dies die größte Erbitterung hervorrief, ließ sich denken ...

Freitag, den 4. fanden wir ... alle Straßen verbarrikadiert, auf den Barrikaden standen Sensenmänner und Republikaner ... überall herrschte die größte Gesetzlosigkeit ... auf dem Rathaus saßen die Demokraten beisammen und wählten eine provisorische Regierung (da der König des Nachts auf den Königstein geflohen war) ... Auf unserer Promenade durch die Stadt wurde uns auch der schreckliche Anblick von 14 Toten.

Sonnabend, den 5. Schrecklicher Vormittag! Es bildete sich auf unserer Straße eine Sicherheitswache, und man wollte Robert dazu

Dresdener Barrikade während der Maiaufstände 1849

haben; nachdem ich ihn zweimal verleugnet, die Leute aber drohten, ihn suchen zu wollen, flüchteten wir mit Marien zur Gartentür hinaus . . .«

Auf Umwegen gelangten sie zu alten Freunden nach Maxen. Clara kehrte am nächsten Tage beherzt noch einmal in die Stadt zurück und holte ihre drei kleineren Kinder ebenfalls aufs Land. Sie gingen mit ihnen nach Kreischa, einem kleinen Dorf. Robert genoß den hübschen Aufenthalt »mit Blumen, Feldern, Brunnen und Quellen, Kuckucks und Maiblümchen«. Manchmal sahen sie Rauchwolken über Dresden aufsteigen, Gerüchte und unheimliche Greuelgeschichten liefen um; nicht alles entsprach der Wahrheit. Am 10. Mai hörte Clara von schrecklichen Grausamkeiten des Militärs; 26 Studenten seien im Goldenen Hirsch erschossen worden.

»Es ist zu schrecklich, solche Dinge erleben zu müssen! So müssen sich die Menschen das bißchen Freiheit erkämpfen! Wann wird einmal die Zeit kommen, wo die Menschen alle gleiche Rechte haben werden? Wie ist es möglich, daß der Glaube unter den Adligen, als seien sie andere Menschen als wir Bürgerlichen, so eingewurzelt durch so lange Zeiten hindurch sein konnte!«

Am Nachmittag dieses Tages besuchten Robert und Clara Dresden. »Es ist kaum möglich, ein Bild zu geben von dieser Verwüstung. Tausende von Löchern von den Kugeln sieht man an den Häusern, ganze Stücke Wand herausgebrochen, das alte Opernhaus total niedergebrannt ... Wie viele unschuldige Opfer sind gefallen, in ihren Zimmern von Kugeln getroffen worden ... Kapellmeister Wagner soll auch eine Rolle bei den Republikanern gespielt haben.« Richard Wagner hatte sich mit Bakunin zusammengetan, war in den Kämpfen aktiv aufgetreten und mußte fliehen, als die Revolution zusammenbrach und er zu einer Zuchthausstrafe verurteilt wurde. Erst in der Schweiz fand er ein sicheres Asyl.

Schumanns kehrten nach ihrer Orientierungsfahrt aufs Land zurück und blieben noch einige Zeit mit den Kindern in Kreischa. Hier beschäftigte sich Clara mit Roberts ›Liederalbum für die Jugend‹. »Merkwürdig scheint mir, wie die Schrecknisse von außen seine inneren poetischen Gefühle in so ganz entgegengesetzter Weise erweckt. Über den Liedern schwebt ein Hauch höchster Friedlichkeit«, schrieb sie.

Doch in derselben Zeit war auch Musik entstanden, in der sich die Erregung über die Ereignisse deutlich widerspiegelt. Seinem Verleger Whistling schrieb Robert: »Sie erhalten hier ein paar ›Märsche‹ – aber keine alten Dessauer – sondern eher republikanische. Ich wußte meiner Aufregung nicht besser Luft zu machen – sie sind im wahrsten Feuereifer geschrieben.«

Neben solchen kleineren Kompositionen vollendete Schumann Teile seines ›Requiems für Mignon‹, eines Werkes, das Clara durch die Zartheit der Empfindung besonders ergriff. Wenige Tage vor der Geburt des Sohnes Ferdinand am 18. Juli spielte er ihr einige der eben beendeten ›Szenen aus Goethes Faust‹ vor. Einige Partien dieses großangelegten Werkes, das ihn seit der russischen Reise beschäftigt hatte, gelangten zu Goethes hundertstem Geburtstag gleichzeitig in Weimar, Leipzig und Dresden zur Aufführung.

Im darauffolgenden Winter kam Claras künstlerische Aktivität nur langsam in Gang. Das in Dresden ohnehin träge Musikleben war noch immer von den politischen Ereignissen überschattet. Doch eine Zukunftsaussicht beschäftigte beide: die Leipziger Oper wollte Schumanns ›Genoveva‹ zur Aufführung bringen. Wenn die Oper in Leipzig ein Erfolg wurde, mußte es sich nicht auch auf die Dresdener Verhältnisse auswirken? Konnte sich dann nicht mit einem Schlage Schumanns ganze Situation ändern?

In dieser Zeit des Überlegens und Abwägens wurde Schumann plötzlich die Leitung des Düsseldorfer Musikvereins angeboten, die Ferdinand Hiller aufgab, um nach Köln zu gehen. »10 Konzerte und 4 Kirchenmusiken im Jahr, wöchentlich eine Singübung mit einem aus 130 Mitgliedern bestehenden Verein. Die Wahl der Stücke hängt lediglich vom Dirigenten ab. Das Gehalt ist 700 Taler.«

Es klang verführerisch. Auch hatte Schumann seit langem den Wunsch, regelmäßig mit einem renommierten Orchester arbeiten, eigene sowie neue Werke anderer Komponisten selber aufführen zu können. Zur Realisierung solcher Pläne war es bisher nie gekommen, Schumann hatte sich daher keine praktische Erfahrung aneignen können. Er empfand das auch selber. Auf eine Hamburger Aufforderung, dort seine Symphonie zu dirigieren, hatte er geantwortet: »Von der Direktion meiner Symphonie entbinden Sie mich. Ich bin so kurzsichtig, daß ich keine Note, keinen Musiker sehen kann. Muß mich erst in eine Brille finden, ehe ich wagen darf.« Auch seinem Wesen nach scheint er für den Beruf des Dirigenten wenig geeignet gewesen zu sein. Er war nicht nur durch Kurzsichtigkeit gehemmt. Er sprach leise, oft undeutlich, verlor sich lieber träumerisch an ein Werk, als es überzeugend nach außen zu projizieren. Vor allem aber: er war zum Zeitpunkt der Übersiedlung bereits 40 Jahre alt und kein gesunder Mensch. Es war zu spät, um einen neuen Anfang zu setzen.

Zunächst beschäftigten Robert die Vorbereitungen für die mehrfach verschobene Uraufführung seiner Oper. Die ersten Proben gingen gut, Clara unterstützte ihn dabei am Klavier. Im Laufe der Einstudierung gab es jedoch Ärger und Schwierigkeiten mit den Darstellern. Die Uraufführung, in der ein szenisches Mißgeschick passierte, erlangte nur einen Achtungserfolg. Daran änderte auch die Anwesenheit zahlreicher prominenter Gäste nichts, die Schumanns Werk positiv gegenüberstanden. Außer den Leipziger Künstlern waren Louis Spohr aus Kassel, Ferdinand Hiller aus Düsseldorf, Schumanns alter Lehrer Kuntzsch aus Zwickau, Franz Liszt aus Weimar und noch viele andere zur Premiere gekommen. Auch Claras Mutter hatte sich aus Berlin eingefunden. Den stärksten Erfolg erzielte die dritte Aufführung. Clara notiert:

»Die Sänger wurden nach jedem Akt herausgerufen, endlich am Schluß Robert so stürmisch, daß er das Labyrinth von Gängen durcheilen mußte, um auf die Bühne zu kommen. Dies dauerte natürlich etwas lange, je länger es aber dauerte, desto mehr das Schreien; endlich erschien er im Rock (er hatte nicht einmal einen Frack an) und wurde wahrhaft stürmisch applaudiert. Ich hätte mögen weinen vor Freude, wie er da hervorkam, so anspruchslos und einfach; kam er mir je liebenswürdig vor, so war es in diesem Augenblick, wie ein rechter Künstler und Mensch!«

Die Kritik urteilte kühl. Sie vermerkte die dramatischen Schwächen der Oper, die bis heute verhindert haben, daß sie zu einem Repertoirestück wurde – trotz einzelner großer musikalischer Schönheiten.

Mitte Mai waren Schumanns nach Leipzig gekommen, am 10. Juli kehrten sie nach Dresden zurück. Es hatte sich nichts geändert. Die Übersiedlung nach Düsseldorf war nun beschlossene Sache. Gute Freunde und einige Musiker beteiligten sich an einer musikalischen Abschiedsfeier für Schumann; das offizielle Dresden nahm, wie bisher, keine Notiz. Zehn Jahre nach ihrer Heirat, wieder im September, kamen sie in Düsseldorf an und wurden von Ferdinand Hiller und dem Konzertdirektorium in sehr freundlicher Weise empfangen. Am Abend brachte ihnen die Liedertafel ein Ständchen. Auch die erste Begegnung mit dem Orchester stimmte Robert hoffnungsvoll.

Das Verhängnis

Clara und Robert stammten aus Sachsen. Sie hatten, mit Ausnahme längerer Konzertreisen oder vorübergehender Ortswechsel, den größten Teil ihres bisherigen Lebens in der Heimat verbracht. Der rheinische Charakter war ihnen fremd; wie für viele Deutsche damals bedeutete ihnen der Rhein eine Art Symbol. Unter rheinischer Heiterkeit, rheinischer Musikfreude stellten sie sich etwas Ideales vor, etwas, wie es im täglichen Leben eigentlich nie in Erscheinung trat. Für die eigentümliche Rolle, die der Humor im Leben des Rheinländers spielt, hatten beide überhaupt kein Verständnis. Schumann besaß wohl eine leise, geistige Art des Humors, vermochte aber der deftigen Lebensfreude, die sich hier zeigte, nichts Handfestes entgegenzusetzen. Clara – und das scheint eine ihrer wenigen Schwächen gewesen zu sein – hatte überhaupt wenig Sinn für Humor. Scherze, zumal derbe, verletzten sie; über eigene Schwächen zu lachen, fiel ihr schwer. Kindheit und Jugend hatten ihr kaum Gelegenheit gegeben, die spielerischen, heiteren, spaßhaften Seiten des Lebens zu erfassen. Beide waren von dem, was ihnen hier als rheinischer Humor entgegentrat, irritiert und befremdet. Der tiefe Ernst ihrer Kunstauffassung war unbequem, er paßte nicht zu dem fröhlichen, genußliebenden und etwas oberflächlichen Charakter der Düsseldorfer Gesellschaft.

Wie schon rein äußerlich ein stiller Mensch mit leiser Stimme einem lebhaftem mit lautem Organ unterlegen ist, war Schumann von vornherein dieser Wesensart nicht gewachsen. Es ist merkwürdig, daß bei einer so wichtigen Entscheidung das Düsseldorfer Konzert-Direktorium nicht eine vorherige persönliche Bekanntschaft herbeigeführt hat; viel Aufregung, Streit und uferloser Kummer für Robert und Clara wären dadurch verhindert worden. In die Stellung des Düsseldorfer Musikdirektors hätte ein junger, energischer, zielbewußter Mensch gehört, der sich im Notfall mit Grobheit Respekt verschaffen konnte. Dazu war Robert nicht fähig. Er war es seiner Wesensanlage nach nicht – und er kam in das neue Amt als kranker Mensch. Das aber wußte niemand.

Durch die Leipziger, vor allem die Dresdener Jahre, ziehen sich Klagen über sein »Nervenübel«. Wiederholt litt er unter Angstzuständen, hatte Gehörtäuschungen und Sprachhemmungen. Zeitweise komponierte er in fieberhafter schöpferischer Erregung, dann wieder verharrte er monatelang in müder Apathie. Clara hatte sich im Laufe der Jahre an diese Seltsamkeiten, dies Auf und Ab der Stimmungen, gewöhnt. Sie hielt es für Folgen der Überarbeitung, vor allem des nervlichen Stresses, dem Robert in den Jahren der Anfeindung durch Friedrich Wieck ausgesetzt gewesen war. Die Ärzte, die er im Laufe der Jahre befragte, durchschauten seinen Zustand nicht. Man wendete die verschiedensten Mittel an, riet zu körperlicher Bewegung, Kaltwasserkuren, ablenkenden Reisen. Immer wieder wurden seine Beschwerden in erster Linie als Folgen geistiger Überanstrengung angesehen. Sie traten aber auch ohne vorausgegangene übermäßige Arbeit auf.

Clara war in diesen Jahren doppelt und dreifach belastet. Marie war zur Zeit der Übersiedlung neun Jahre, Elise sechseinhalb, Julie fünfeinhalb, Ludwig noch nicht drei und Ferdinand nur wenig über ein Jahr alt. 1851 kam in Düsseldorf Eugenie zur Welt. Alle Kinder brauchten die Mutter notwendig. Zugleich machte der große Haushalt durch veränderte Dienstbotenverhältnisse Mühe. Die Hilfskräfte in Leipzig und Dresden waren freundlich gewesen, sie verehrten ihre Schumanns, hatten die geduldige Hilfsbereitschaft östlicher Menschen. Hier erschienen sie Clara »fast durchgängig grob, übermütig und prätentiös – es ist, als müßte man es für eine Gnade ansehen, wenn sie einem etwas machen.«

Aber das Schumannsche Haus war ein gastliches Haus, die Mitglieder des Direktoriums, die Kollegen, die Freunde gingen ein und aus, es gab Musikabende mit Bewirtung, und Clara durfte doch auch ihr Klavierspiel nicht vernachlässigen. Schon im Oktober mußte sie unter Roberts Direktion im Abonnementskonzert Mendelssohns ›g-Moll-Konzert‹ spielen. Sie hatte großen Erfolg, besonders, da sie auswendig spielte.

Robert und Clara, Lithographie von Eduard Kaiser

Am meisten lag ihr am Herzen, Robert die so lebenswichtige Ruhe zu verschaffen. Das war um so schwieriger, als ihre erste Düsseldorfer Wohnung kein behagliches Plätzchen aufwies. »Die Hauptsorge war, daß Robert durch das fortwährende Geräusch auf der Straße, Leierkästen, schreiende Buben, Wagen usw. in eine höchst nervöse, gereizte, aufgeregte Stimmung geriet, die von Tag zu Tag zunahm; arbeiten konnte er fast gar nichts und das wenige mit doppelter Anstrengung.«

Die ganze Last, die auf Claras Schultern ruhte, wird aus dieser Tagebuchaufzeichnung erkennbar. Und daß ein »nervöser, gereizter, aufgeregter« Mensch kein geeigneter Orchesterleiter sein konnte, liegt auf der Hand. Schumanns Führereigenschaften lagen im Geistigen; er hatte es zehn Jahre lang durch seine Zeitschrift bewiesen. Aber Menschen um sich zu sammeln und mit ihren Schwächen, Willkürlichkeiten und Launen fertig zu werden, sie über sich selbst hinaus zu großen Leistungen emporzureißen und in ruhiger, besonnener Arbeit zu einer Gemeinschaft zu erziehen: das vermochte er nicht. So kam es nach anfänglicher Begeisterung im Laufe der Zeit auf beiden Seiten zu Verstimmungen.

Zunächst herrschte allgemeine Befriedigung. Das Direktorium war stolz darauf, einen Komponisten vom Range Robert Schumanns gewonnen zu haben, er wiederum glücklich, Werke, die ihm am Herzen lagen, zur Aufführung bringen zu können. Unter ihnen waren Beethovens ›C-Dur-Messe‹, seine ›Pastoral-Symphonie‹, die ›Johannes-Passion‹ von Bach und Gades ›Comola‹ für Chor mit Orchester, außerdem eigene Kompositionen. Über einzelne Schwächen, namentlich seiner Choraufführungen, hörte man höflich hinweg. Schumann war aktiv, er gründete ein Singekränzchen, das sich alle vierzehn Tage zusammenfinden, ein Quartettkränzchen, in dem Kammermusik gepflegt werden sollte. Clara beteiligte sich pianistisch an beiden. Doch Interesse, Zuverlässigkeit und Können der Mitwirkenden waren recht enttäuschend, obwohl sich unter ihnen zahlreiche Berufsmusiker befanden. Die Unternehmungen schliefen wieder ein, und nach der Sommerpause 1851 ließ auch der Besuch der Chorübungen nach. Schumann erwog, ob er die Leitung des

Chors nicht niederlegen sollte. Aus Furcht vor den Folgen unterblieb es.

Trotz solcher Schwierigkeiten im Umgang mit Orchester und Chor waren die Düsseldorfer Jahre zunächst keineswegs unglücklich. Robert ging es gesundheitlich besser als in Dresden; er komponierte viel. Unter dem Eindruck der neuen Umgebung – des Rheinstromes, des kirchlichen Gepränges – entstand die fünfsätzige ›Rheinische Symphonie‹; er schrieb Kammermusikwerke, auch ein musikalisches Märchen, ›Der Rose Pilgerfahrt‹, nach einer Dichtung von Moritz Horn. In Düsseldorf überarbeitete er die ›d-Moll-Symphonie‹, ursprünglich seine zweite. Wie erwähnt, hatte er sie schon 1841 in Leipzig entworfen. Die Fülle der Einfälle wird in ihr durch die geschlossene Einheitlichkeit der Form gebändigt; Themen des ersten Satzes kehren in den anderen wieder, alle Sätze gehen pausenlos ineinander über. Die ›d-Moll-Symphonie‹ gilt heute als Schumanns bedeutendstes Orchesterwerk. Andere Kompositionen der Düsseldorfer Zeit haben schärferer Beurteilung nicht standgehalten; Clara, unbefangen und ganz unkritisch in allem, was Robert betraf, beglückten sie.

Eines war hier anders, war besser als in Dresden: es bildete sich schnell ein Kreis hervorragender Kenner um beide. Robert wurde verstanden, Clara geliebt und verehrt. Auch bildende Künstler gehörten zu ihren Freunden, unter ihnen der Maler Eduard Bendemann und seine Frau Lida aus Dresden. Es bestand Kontakt zu Musikern und Musikfreunden der Umgebung; aus Krefeld, Bonn, Köln und Elberfeld fanden sich Schülerinnen bei Clara ein. Ein Geflecht vielfältiger menschlicher und künstlerischer Beziehungen entstand.

Am 6. Juli 1851 wurde der große Musiksalon einer neuen, ruhiger gelegenen Wohnung mit ›Der Rose Pilgerfahrt‹ eingeweiht. Gegen Ende des Monats unternahmen Robert und Clara eine Erholungsreise, die ursprünglich nur nach Heidelberg führen sollte. Robert wollte seiner Frau die Stätte seines jugendlichen Werdens zeigen. »Schon in Bonn, als wir aufs Schiff kamen, dort, wo es von lustigen Studenten wimmelte, der Himmel so freundlich aussah, der Rhein so schön grün, dabei lustige Musik, da wurde auch er heiter und blieb es.«

In Heidelberg fand Robert alles wie damals vor. Von dort ging es über Baden-Baden und Basel nach dem »schönen eleganten Genf«, wo eine Flasche Champagner nur 1½ Franken kostete, wie Clara erfreut feststellte. Mit einer Diligence fuhren sie in strahlendem Sonnenschein nach Chamonix und nahmen dort ein Hotelzimmer, in das der Montblanc hineinblickte. Als sie später mit dem Schiff über den Genfer See wieder zurückkehrten, schrieb Clara hingerissen: »Man glaubt sich der Erde entrückt in eine Zauberwelt, herrlicher sah ich nie eine Natur!«

Diese Begeisterung hat etwas Rührendes. Denn wann in ihrem streng reglementierten, von Pflichten beladenen Leben hatte Clara Gelegenheit gehabt, großartige Natureindrücke aufzunehmen? Von früh an hatte sie Musikstädte besucht, stets als Ausübende, die sich strenger Kritik stellen mußte. Sonst kannte sie noch die Sächsische Schweiz und war einmal, ziemlich ängstlich und mit schlechtem Gewissen, weil sie Robert und Marie zurückließ, über die Ostsee

nach Dänemark gefahren. Einige Kuraufenthalte mit Robert waren stets von der Sorge um seine angegriffene Gesundheit beschattet gewesen. So müssen diese kurzen Wochen sommerlicher Entspannung an der Seite eines gesund erscheinenden Robert für Clara paradiesisch schön gewesen sein. Beglückend verliefen auch Konzerte in der alten Heimat, in Leipzig. Liszt und Joachim kamen, es wurde viel musiziert, auch in den Häusern der lieben alten Freunde. Niemand ahnte, daß Robert Schumann Leipzig zum letztenmal besucht hatte.

Ebenso erfreulich verlief eine Konzertreise nach Holland, die Robert und Clara nach schweren Auseinandersetzungen mit dem Düsseldorfer Musikdirektorium unternahmen. An der Begeisterung, die Schumanns Werke in den Niederlanden auslösten, konnte er erkennen, welches Gewicht seinem Namen außerhalb Deutschlands schon beigemessen wurde. Für Clara war es eine besondere Genugtuung, daß Robert auf dieser Reise mehr denn je von ihrem Spiel entzückt war. Auch hierin hatte es kritische Zeiten gegeben, nicht ohne tiefe Bedrückung für sie. In Den Haag wurde Schumann nach der erfolgreichen Aufführung von ›Der Rose Pilgerfahrt‹ unter dem Jubel der Zuhörer bekränzt. »Er bemerkte es gar nicht, wohl aber wir andern, und ich dachte für mich: so muß es sein!« In Rotterdam feierte man sie, trotz eisiger Winterkälte, sogar mit einem Fackelzug, Chorgesang und Orchesterbegleitung vor ihrem Hotel.

Diese Eindrücke trösteten das Ehepaar zeitweilig über die Düsseldorfer Krise hinweg. Angefangen hatte sie mit einer Erkrankung Roberts im Sommer 1852. Er war in dieser Zeit von Julius Tausch, einem tüchtigen Chordirigenten, vertreten worden. Das Publikum erhielt Gelegenheit zu vergleichen und empfand nun noch deutlicher, was Schumann als Dirigent fehlte. Als er nach seiner Genesung wieder ans Pult zurückkehrte, empfing es ihn kühl und teilnahmslos. Ohne jede Autorisation forderten ihn danach einige Mitglieder des Direktoriums auf zurückzutreten, »da er sein Amt nicht ausfüllen könne«. Es gab Aufregungen und nachträgliche Entschuldigungen; das Vertrauen aber war erschüttert.

Selbst der große Erfolg von Schumanns ›d-Moll-Symphonie‹

beim Rheinischen Musikfest 1853 ließ die Kritik am Dirigenten Schumann nicht verstummen. Im gleichen Konzert hatte der junge Joseph Joachim zum erstenmal in Düsseldorf das Beethovensche Violinkonzert gespielt; die Hörer waren tief beeindruckt. Dies gemeinsame Musizieren wurde zum Ausgangspunkt einer lebenslangen Freundschaft zwischen Robert, Clara und Joseph Joachim.

Vor Antritt der Hollandreise war es zum bisher schwersten Zerwürfnis zwischen dem Musikdirektorium und Robert Schumann gekommen. Zwei Herren des Komitees besuchten zunächst Clara, um ihr mitzuteilen, daß Robert in Zukunft nur noch die Leitung eigener Werke, Herr Tausch die aller übrigen Programme übernehmen solle. Die beleidigende Form dieser Erklärung, der Beschluß über seinen Kopf hinweg kränkten Robert tief. In einem Brief erinnerte er das Komitee an sein vertragliches Recht, die Direktion allein auszuüben. Solange dies nicht berücksichtigt werde, könne er nicht mehr dirigieren. Zugleich kündigte er zum Herbst 1854. Die holländische Konzertreise gab danach erwünschte Gelegenheit, Düsseldorf zu verlassen. Doch was sollte weiter, was auf die Dauer werden? Schumanns dachten an Wien, auch an Berlin als zukünftiges Domizil.

Diese Überlegungen beschäftigten sie, als am 30. September 1853 ein fremder junger Mann an ihrer Wohnungstür klingelte. Clara berichtet über diesen Besuch im Tagebuch: »Dieser Monat brachte uns eine wunderbare Erscheinung in dem zwanzigjährigen Komponisten Brahms aus Hamburg. Das ist wieder einmal einer, der kommt, wie eigens von Gott gesandt! – Er spielte uns Sonaten, Scherzos, etc. von sich, alles voll überschwenglicher Phantasie, Innigkeit der Empfindung und meisterhaft in der Form. Robert meint, er wüßte ihm nichts zu sagen, daß er hinweg- oder hinzutun sollte. Es ist wirklich rührend, wenn man diesen Menschen am Klavier sieht mit seinem interessanten jugendlichen Gesicht, das sich beim Spielen ganz verklärt, seine schöne Hand, die mit der größten Leichtigkeit die größten Schwierigkeiten besiegt, und dazu nun diese merkwürdigen Kompositionen. Er hat bei Marxsen in Hamburg studiert, doch das, was er uns spielte, ist so meisterhaft, daß man

Jugendbildnis von Johannes Brahms

meinen müßte, den hätte der liebe Gott gleich so fertig auf die Welt gesetzt. Eine schöne Zukunft steht dem bevor.«

Johannes Brahms stammte aus ehrbaren kleinbürgerlichen Verhältnissen. Sein Vater, Johann Jakob Brahms, hatte noch die dreijährige Handwerkerlehre einer Stadtpfeiferei durchlaufen. Mit Fleiß und Zähigkeit brachte er es zum Mitglied des Alsterpavillons. Er war mit einer um siebzehn Jahre älteren Frau verheiratet, Johannes das zweite von drei Kindern. Von früh an hatte der begabte Junge Musik gemacht, auch Klavier- und etwas Kompositionsunterricht erhalten. Als Jugendlicher spielte er in Tanzlokalen auf, wie einst sein Vater. Johann Jakob fand in seinem schlichten Sinn nichts dabei, daß der zarte schwächliche Junge viele Nächte hindurch nicht nur in schlechter Gesellschaft, sondern auch in dumpfen, verräucherten Bierstuben verbrachte. Neben dem Klavier lag dann meist ein Buch von E. T. A. Hoffmann, Jean Paul oder anderen romantischen Dichtern. Johannes war lernbegierig und aufnahmefähig; sein wacher Geist suchte ständig nach neuem Stoff.

Nach einigen Konzerten in engem Rahmen unternahm er im Frühjahr 1853 mit dem ungarischen Geiger Remenyi eine Kunstreise, die zunächst ins Blaue und von Ort zu Ort führte, teilweise sogar zu Fuß, mit dem Ränzel auf dem Rücken. In Weimar wurde Franz Liszt besucht, der sich lebhaft für den jungen Hamburger interessierte. Doch Brahms spürte instinktiv, daß er andere Wege als dieser beschreiten müsse, um sein künstlerisches Ziel zu erreichen. Er trennte sich nach einiger Zeit von Weimar und auch von Remenyi. In Hannover freundete er sich mit Joseph Joachim an, der dort Konzertmeister war. Er erkannte die geniale Begabung von Brahms sofort und neidlos an. Die Werke, die Johannes ihm und anderen auf dieser Reise vorspielte, waren die ›Klaviersonaten in C und fis‹, das ›Scherzo in es-Moll‹ und ›6 Gesänge‹, darunter eines seiner berühmtesten Lieder: ›Liebestreu‹. Die Gestaltungskraft in den Sonaten, das Hineinspielen volksliedhafter Themen und Gedanken weisen schon auf spätere Werke von Brahms hin.

Mit Joachims Empfehlungen gelangte er im September 1853 an den Rhein, zunächst zu der kunstfreudigen Familie Deichmann in

Mehlem. Ihr Haus galt als Sammelpunkt einheimischer und auswärtiger Künstler; auch der junge Hamburger Musiker wurde freundlich aufgenommen. Er konnte in dieser Umgebung Schumanns Werke eingehend studieren; tief berührten ihn manche Züge ihrer inneren Verwandtschaft: die Liebe zu E. T. A. Hoffmann und anderen romantischen Dichtern, das Spiel mit der Doppelnatur, mit Florestan und Eusebius. Johannes kam danach nicht als Fremder in das Schumannsche Haus. Er wurde wie ein Sohn aufgenommen. Clara musizierte mit ihm, Robert mußte er auf täglichen Spaziergängen begleiten, die Kinder betrachteten ihn als älteren Bruder, mit dem sie spielen und toben konnten. Am 2. Oktober stellte er sich zum erstenmal mit Kompositionen einem Kreis der Schumannschen Freunde vor. Der Schweizer Maler Laurens hat ihn auf Roberts Wunsch in dieser Zeit gezeichnet: einen jungen Romantiker, schüchtern, stolz, verträumt – fast noch ein Knabe.

»Das ist der, der kommen mußte«, schrieb Schumann beglückt an Joseph Joachim. Die bewegende Begegnung drängte ihm nach jahrelanger Pause noch einmal die Schreibfeder in die Hand. Er bezeichnet Brahms – einen bis dahin völlig unbekannten jungen Mann, von dem noch kein Takt Musik gedruckt oder öffentlich gespielt worden war – in der ›Neuen Zeitschrift für Musik‹ als den »der den höchsten Ausdruck der Zeit in idealer Weise auszusprechen« berufen sei. Er zog keine Vergleiche mit Wagner oder Liszt – schlimmer, er überging ihre Namen.

Vom Augenblick des Erscheinens dieses ›Neue Bahnen‹ betitelten Aufsatzes an wurde der künstlerische Aufstieg des jungen Johannes Brahms von versteckter Feindschaft, Mißverstehen und Gehässigkeit begleitet. Schumanns Fanfare war zu früh erklungen. Außerdem hatte er dem Verlag Breitkopf und Härtel in Leipzig die Brahms'schen Erstlinge zum Druck empfohlen. So konnte Johannes schon zu Weihnachten 1853 seinen Eltern die ersten Exemplare seiner ›C-Dur-Sonate für Klavier‹ und eines Liederheftes unter den Weihnachtsbaum legen; er war noch nicht 21 Jahre alt.

Im Februar 1854 wurde die Freundschaft zwischen Schumann, Brahms und Joachim weiter gefestigt. Clara spielte im Abonne-

Johannes Brahms zwanzigjährig, Zeichnung von Laurens

Joseph Joachim 1848, nach einer Zeichnung von Friedrich Preller

mentskonzert des Hannoverschen Hoforchesters das ›Es-Dur-Konzert‹ von Beethoven, Joachim dirigierte Schumanns ›d-Moll-Symphonie‹ und trug dessen ›Phantasie für Violine und Orchester‹ vor. Der Erfolg war groß, die Stimmung und Freude entsprechend gehoben. Man saß hinterher gemütlich in Joachims Wohnung zusammen und trank »viel Champagner«. Schumann war heiterer und gesprächiger denn je.

Um so schneidender mußten die Dissonanzen der kommenden Wochen auf Clara wirken. In der Nacht zum 11. Februar brachen bei Robert Gehöraffektionen aus, wie er sie in den vergangenen Jahren schon zeitweilig erlebt hatte. Doch diesmal steigerten sie sich bis zur Unerträglichkeit. »Er hörte immer ein und denselben Ton und dazu zuweilen noch ein andres Intervall... Die nächstfolgenden Nächte waren sehr schlimm – wir schliefen fast gar nicht.

Freitag, den 17. nachts, als wir nicht lange zu Bett waren, stand Robert wieder auf und schrieb ein Thema auf, welches, wie er sagte, ihm die Engel vorsangen; nachdem er es beendet, legte er sich nieder und phantasierte die ganze Nacht, immer mit offenem, zum Himmel aufgeschlagenen Blicke... Der Morgen kam und mit ihm eine furchtbare Änderung! Die Engelsstimmen verwandelten sich in Dämonenstimmen mit gräßlicher Musik; sie sagten ihm, er sei ein Sünder, und sie wollten ihn in die Hölle werfen ... er schrie vor Schmerz (denn wie er mir nachher sagte, waren sie in Gestalt von Tigern und Hyänen auf ihn losgestürzt, um ihn zu packen) und zwei Ärzte, die glücklicherweise schnell genug kamen, konnten ihn kaum halten. Nie will ich diesen Anblick vergessen, ich litt mit ihm wahre Folterqualen.

Sonntag, den 19. brachte er im Bett zu unter großen Qualen der bösen Geister! ... Von dem Glauben an die Geister brachte ich ihn keinen Augenblick ab, im Gegenteil, sagte er mir mehrmals mit wehmütiger Stimme, Du wirst mir doch glauben, liebe Clara, daß ich Dir keine Unwahrheiten sage... Oft klagte er, daß es in seinem Gehirn herumwühle, und dann behauptete er, es sei in kurzer Zeit aus mit ihm, nahm dann Abschied von mir, traf allerlei Anordnungen über sein Geld und Kompositionen...«

Nach einem Abendessen stand er plötzlich auf und erklärte, er müsse in die Irrenanstalt, da er seiner Sinne nicht mehr mächtig sei und nicht wissen könne, was er in der Nacht am Ende täte.

Am 26. Februar 1854 entfloh er in einem unbewachten Augenblick aus dem Hause und stürzte sich von einer Brücke in den Rhein. Der Kapitän eines zur Abfahrt bereitliegenden Dampfers, der den Vorgang beobachtet hatte, ließ Schumann retten. Es war Faschingsmontag, und es regnete heftig, als er durch das lustige Treiben bunter Masken nach Hause zurückgebracht wurde. Clara verheimlichte man den Selbstmordversuch; sie erwartete in wenigen Monaten das achte Kind. Sie hat erst später den traurigen Hergang erfahren. Zunächst entschloß sie sich, zu der blinden Rosalie Leser zu gehen, die bis zu ihrem Tode eine ihrer vertrautesten Freundinnen blieb. Robert Schumann wurde am 4. März in die Privatheilanstalt des Dr. Richarz in Endenich bei Bonn gebracht.

Die Alte Rheinbrücke, von der sich Schumann 1854 in den Rhein stürzte

Der schwere Weg

Nach der damaligen Auffassung der Psychiatrie durfte Clara ihren Mann nicht besuchen, um ihn nicht aufzuregen. Ihre Mutter, die gleich nach seiner Erkrankung zu ihr gekommen war, fuhr jedoch nach Endenich und sprach mit dem Arzt. Sie konnte Clara wenigstens über Roberts äußere Situation beruhigen. Die Anstalt bestand aus mehreren, in einem großen Garten verstreuten Gebäuden; Robert bewohnte zwei hübsche Parterrezimmer. Der Arzt, Dr. Richarz, schien ihr ein lieber, herzlicher Mann zu sein.

Tapfer und resolut, wie Clara sich in allen kritischen Situationen verhielt, begann sie bereits zwei Tage nach Roberts Überführung in die Anstalt wieder zu unterrichten. »Es war ein schwerer Kampf! Aber einesteils fühlte ich, daß nur angestrengte Tätigkeit mich jetzt erhalten könne, und andernteils hatte ich ja doppelte Verpflichtung, zu verdienen.«

Die jungen Freunde Joachim und Brahms kamen, sobald es ihnen möglich war, nach Düsseldorf. Clara musizierte sogar mit ihnen, allerdings bei Rosalie Leser; zu Hause brachte sie es noch nicht übers Herz. Während Joachim sehr schnell wieder nach Hannover und zu seinen Pflichten als Hofkapellmeister zurückkehren mußte, konnte Brahms in Düsseldorf bleiben. In dieser traurigen Zeit des Wartens – auf Nachricht aus Endenich, auf die Geburt ihres Kindes – entwickelte sich eine ungewöhnliche Freundschaft zwischen der fünfunddreißigjährigen Frau und dem einundzwanzigjährigen Johannes.

»Er sagte, er sei nur gekommen, um mir, wenn ich es irgend wünschte, in Musik Erheiterung zu schaffen, er wolle jetzt hierbleiben und sich später dem Robert recht widmen, wenn er wieder so weit genesen sei, daß er Freunde um sich haben dürfe. Es war wirklich rührend, diese Freundschaft.« Sie wurde der Grundakkord für die ganze nächste Zeit. »Mit Brahms spreche ich am liebsten vom Robert, erstlich weil Robert ihn vor allen liebt, und dann hat er bei aller Jugend ein mir so wohltuendes Zartgefühl.«

Die Nachrichten aus Endenich wechselten. Clara lebte auf, wenn es hieß, Robert habe einige ruhige Tage verbracht. Dann wieder wurde von Gehörtäuschungen, von irren Reden berichtet. Am meisten schmerzte es Clara, daß er niemals nach ihr fragte. Wenige Tage nach seinem 44. Geburtstag, einem traurigen Tag, den sie allein mit ihren Kindern verbrachte, kam ihr jüngster Sohn zur Welt. Im Gedenken an Roberts Freund Mendelssohn gab sie ihm den Namen Felix. Nach fast fünf Monaten völligen Getrenntseins fragte Robert kurz vor ihrem 14. Hochzeitstag zum erstenmal nach Clara und den Kindern. Daraufhin wurde ihr erlaubt, an Robert zu schreiben. Es kam eine Art Briefwechsel in Gang. Schumanns Mitteilungen aus der Anstalt waren zart, poetisch, liebevoll, aber sie klangen doch meist wie Worte eines Abgeschiedenen. In seiner Vorstellung lebte

Die Heilanstalt in Endenich bei Bonn

nur noch das Vergangene, Gegenwart und Zukunft erschienen ganz ungewiß, ganz schemenhaft.

»O könnte ich Euch einmal sehen und sprechen, aber der Weg ist doch zu weit. So viel möchte ich von Dir erfahren, wie Dein Leben überhaupt ist, wo Ihr wohnt, und ob Du noch so herrlich spielst wie einst... Hast Du noch alle an Dich von mir geschriebenen Briefe und die Liebeszeilen, die ich Dir von Wien nach Paris schickte? ... O wie gern möchte ich Dein wunderbares Spiel einmal hören. War es ein Traum, daß wir im vorigen Winter in Holland waren?«

Man begreift, daß Clara, nach anfänglichem Optimismus, die Tage, an denen Nachricht von Robert kam, sehr bald als »die fürchterlichsten« empfand, weil ihr Schmerz dann jedesmal um so schärfer hervorbrach. Allein mußte sie weiter entscheiden, allein für die Kinder Sorge tragen, allein die Konzertpläne der nächsten Saison entwerfen. In all diesen Sorgen und tagelangen Überlegungen wurde Johannes ihr Gesprächspartner, manchmal ihr Ratgeber – immer der beste, ergebenste Freund. Manche, namentlich ältere Menschen aus Claras Freundeskreis konnten es nicht fassen, daß sie, eine reife, allgemein anerkannte Künstlerin, Mutter von sieben Kindern, diesen unfertigen jungen Mann als täglichen Gast, später als Hausgenossen bei sich aufnahm, ihm eine Sonderstellung einräumte, die weder seinem Alter noch seinem Verhalten zu entsprechen schien. Viele hielten ihn geradezu für arrogant, sein Talent noch keineswegs für bewiesen. Clara sah tiefer. Sie kannte seine Liebe und Verehrung für Robert, der ihm so großzügig den Weg gebahnt hatte; sie wußte, daß seine Anhänglichkeit Ausdruck der Dankbarkeit und ritterliche Hilfsbereitschaft war.

Doch aus der jungenhaften Ergebenheit für die »Domina«, die Frau seines Meisters, wurde erst schwärmerische, dann leidenschaftliche Liebe. Sie hat Brahms Jahre hindurch beherrscht, sie beschleunigte den Reifeprozeß des Künstlers und erklärte manche Rauheit seines späteren Wesens, die sich auch und gerade Clara gegenüber zeigte. Seine Hinwendung zu ihr ließ andere menschliche Beziehungen verkümmern; als sein Gefühl endlich in ruhigere Bahnen geglit-

Clara nach Roberts Erkrankung

ten war, fühlte er sich zu alt, zu einsam und auch zu eigenwillig, um noch nach einer jungen Partnerin Ausschau zu halten. Clara hat, wahrscheinlich unter dem Einfluß mancher verständnislosen Äußerung Dritter, für ihre Kinder aufgezeichnet, wie sie diese Freundschaft auffaßte.

»Ihr kanntet den teuren Vater kaum, Ihr wart noch zu jung, um tiefen Schmerz zu empfinden; Ihr also konntet mir in den schrecklichen Jahren keinen Trost gewähren, Hoffnungen wohl, doch auch das konnte mich in solchem Schmerz nicht aufrecht erhalten. Da kam Johannes Brahms. Ihn liebte und verehrte Euer Vater, wie außer Joachim keinen ... und er kannte Johannes nicht, wie ich ihn kenne, durch Jahre hindurch! ... nicht liebe ich an ihm die Jugend, nicht ist es vielleicht geschmeichelte Eitelkeit, nein, seine Geistesfrische, seine herrliche begabte Natur, sein edles Herz ist es, das ich liebe...

Auch Joachim, Ihr wißt es, war mir ein treuer Freund, doch mit ihm lebte ich nicht immer zusammen, so war denn Johannes es allein, der mich aufrecht erhielt. Vergeßt dies, liebe Kinder, nie, und bewahrt dem Freunde, der es gewiß auch Euch immer sein wird, ein dankendes Herz; glaubt Eurer Mutter, was sie Euch gesagt, und hört nicht auf kleinliche und neidische Seelen, die ihm meine Liebe und Freundschaft nicht gönnen, daher ihn anzutasten suchen oder gar unser schönes Verhältnis, das sie entweder wirklich nicht begreifen oder nicht begreifen wollen.«

In diesen Worten wird deutlich, was sich in den Monaten nach Roberts Erkrankung ereignet hatte. Brahms, in kleinbürgerlichen Verhältnissen aufgewachsen, war bei Liszt in Weimar der großen Welt des Virtuosentums begegnet: ihrer Ekstase, ihrem Flitterwerk, ihren Äußerlichkeiten. In Robert Schumann und seiner Frau lernte er kurz danach zwei Künstler hohen Ranges, von nobelstem Menschentum kennen. Die Art, wie beide miteinander umgingen, ihre Liebe zur Musik, den Kindern, ihre schöne kultivierte Umgebung: alles war für Johannes neu.

Nach Roberts Erkrankung vertieften sich diese Eindrücke noch. Er konnte mit Clara nicht nur über ihren Mann, über seine Werke, sein unbegreifliches Leiden sprechen. Zum erstenmal war er einer Frau begegnet, die auch für alles, was ihn bewegte, Verständnis zeigte, die seine innersten Gedanken aufgriff, die »das Eisen brennen gesehen« hatte. Außerdem war sie schön, tragisch beschattet durch ihr Schicksal und in der Erwartung des Kindes wie nach seiner Geburt von madonnenhafter Glorie umgeben. Und Brahms hatte noch nie geliebt. Er durfte ihr schreiben, wenn sie getrennt waren; immer neue Gründe fanden sich, um es zu tun. Nie wieder und keinem anderen Menschen gegenüber ist Johannes Brahms in brieflichen Äußerungen so aus sich herausgegangen, wie in diesen Jahren, die für Clara die schwersten ihres Lebens waren. Seine Äußerungen dieser »Wertherzeit«, wie er sie später nannte, schwanken zwischen Scherz und Ernsthaftigkeit, leidenschaftlichen Gefühlsausbrüchen und zarter Rücksichtnahme. Als Clara ihm endlich, im Mai 1856, das freundschaftliche Du gewährt hatte, schrieb er überglücklich: »Ich möchte, ich könnte Dir so zärtlich schreiben, wie ich Dich liebe, und so viel Liebes und Gutes tun, wie ich Dirs wünsche. Du bist mir so unendlich lieb, daß ich es gar nicht sagen kann. In einem fort möchte ich Dich Liebling und alles mögliche nennen, ohne satt zu werden, Dir zu schmeicheln.«

Zunächst hielt Clara an den damals üblichen Formen des Umgangs mit ihm fest. Johannes siezte sie, während sie den um 14 Jahre jüngeren duzte. Auch waren beide fast nie allein zusammen. Es hätte nicht den Vorstellungen der Umwelt entsprochen, denen Clara sich fügte. Als sie im Sommer 1855 mit Johannes eine kurze Rheinwanderung unternahm, wurde Fräulein Bertha, die häusliche Hilfe mitgenommen. Auch auf den Konzertreisen, die schon im Herbst 1854 wieder einsetzten, begleitete sie stets eine ihrer Freundinnen, in späteren Jahren eine der Töchter. Natürlich erhöhte das die Reisekosten.

Zunächst ging es über Hannover nach Leipzig, wo sie Werke von Robert Schumann und Beethoven spielte, vom Gewandhauspublikum mit besonderer Herzlichkeit empfangen. Im zweiten Teil des Konzertes, den sie von einer Loge aus anhörte, übermannte sie die Erinnerung an vergangene glückliche Tage. Sie konnte ihre Tränen nicht verbergen. Im weiteren Verlauf des Abends brachten ihr Schüler des Konservatoriums, an dem Robert einst gelehrt hatte, ein Ständchen mit Fackelzug.

Gelegentlich eines Konzertes in Hamburg sah sie Brahms wieder und lernte jetzt auch seine Eltern kennen, »einfache aber ehrenwerte Leute«. Es wurde ihr klar, daß Johannes seinen geistigen und künstlerischen Weg vollständig aus sich heraus hatte finden müssen.

Fast vier Wochen hielt sie sich in Berlin auf. Sie gab mehrere Soireen mit Joachim, erlebte eine schöne Aufführung des ›Requiems für Mignon‹ und fühlte sich vor allem bei der Familie Mendelssohn heimisch. Weihnachten 1854 verbrachte sie mit den Kindern und Johannes in Düsseldorf. Joachim, der ebenfalls zu den Feiertagen gekommen war, hatte vorher Schumann besuchen dürfen. Er brachte einen Brief von ihm und gute Nachrichten mit. Am Neujahrstag wurde der kleine Felix getauft; Johannes war einer der Paten. Danach trat Clara eine Konzertreise nach Holland an, von einer Düsseldorfer Bekannten begleitet.

Brahms, dem der Abschied am Rheindampfer sehr schwergefallen war, tauchte zwei Tage später plötzlich in Rotterdam auf. »Erst war ich sehr erschrocken, dann aber überließ ich mich der innigsten Freude«, schreibt Clara ins Tagebuch. Johannes konnte ein Festkonzert mit Schumanns ›1. Symphonie‹ miterleben, bevor er wieder nach Düsseldorf und zu den Kindern zurückkehrte. Kurz danach schrieb er lakonisch: »Jetzt bereue ich schon, Ihnen nachgereist zu sein, wäre ichs noch nicht, da dürfte ichs jetzt und das wäre mir den Augenblick viel lieber.«

Clara konzertierte danach in Berlin und Danzig, im März in Pommern. Von dort ging es im Schlitten über das Eis des Sundes nach der Insel Rügen und am nächsten Tag wieder nach Stralsund zurück, wo sie in vollkommen durchnäßten Kleidern probte und dem begeisterten Publikum abends am Schluß des Konzertes noch eine Beethoven-Sonate als Zugabe spielte.

Ein kurzer Aufenthalt in Köln brachte ihr zum erstenmal das Erlebnis der ›Missa Solemnis‹ von Beethoven. Sie hörte das Werk mit Johannes zusammen. »Es überwältigte uns ganz und gar, wahrhaftig, es ist Musik, von einem Gott für keine Menschen, sondern Götter geschrieben ... uns beiden fiel zu gleicher Zeit ein, wie die Messe in ihrer Größe und Kunst wohl diesem Dome zu vergleichen sei, der einem auch wie von Göttern gebaut scheint.«

Neben ihrem eigenem Kummer beschäftigten Clara nun auch noch Johannes' Geldsorgen; vergeblich suchte er »Dilettanten abzurichten«, fand aber kaum Schüler. Um diese Zeit war das Geld überall knapp; infolge des Krimkrieges stockten die Geschäfte, die Preise stiegen um das Doppelte. Doch als Schumanns ›Manfred‹ zum erstenmal konzertant in Hamburg aufgeführt wurde, leisteten sich Clara und Brahms die Reise dorthin, allerdings 3. Klasse. Johannes wurden Musik und Dichtung gleichermaßen zum erschütternden Erlebnis. Die Tragik der schwesterlichen Astarte, die an der Liebe ihres Bruders zerbricht, mochte warnend seinen eigenen Gefühlen für Clara wehren.

»Ihr Geist umschloß das Weltall, doch besaß
Sie sanftere Gewalten noch als ich,
Erbarmen, Lächeln, Tränen, die mir fremd,
Und Liebe, die ich nur für sie empfand,
Und Demut, welche nimmer ich gekannt ...«

Ein Thema seiner damals konzipierten ›c-Moll-Symphonie‹ zeigt innere Verwandtschaft mit Themen der ›Manfred-Ouvertüre‹.

Von den verschiedenen Konzertreisen, die Clara unternahm, sei eine Veranstaltung in dem mondänen Bad Ems erwähnt, bei der sie sich ganz verfehlt vorkam »vor einem Publikum, das keines meiner Stücke begriff«. Sie kämpfte deshalb mehrfach mit Tränen. Doch gerade dieser Abend ergab einen Überschuß von 1340 Talern! »Hinreichend, meine Familie die Sommermonate hindurchzubringen und noch etwas zurückzulegen. Ich sandte zu den schon im vorigen Winter ersparten 500 Talern noch 500 an Paul Mendelssohn. Nun habe ich bei ihm 1000 Taler stehen, das macht mir Freude, wenn ichs meinem teuren Robert einmal sagen kann.«

Am 6. August 1855 erfolgte der Umzug in eine neue Düsseldorfer Wohnung. Es war Clara sehr schwergefallen, die Räume zu verlassen, in denen noch alles an Robert erinnerte. Das neue Quartier, Poststr. 135, lag im Grünen, auch Johannes erhielt darin »ein reizend gemütliches Zimmer«. Im September mußte ihr Dr. Richarz die Mitteilung machen, daß auf eine Genesung Roberts nicht mehr zu hoffen sei. Mit den schmerzlichsten Gedanken verbrachte sie daher ihren 15. Hochzeitstag. Zu ihrem Geburtstag bereiteten ihr die ältesten Kinder Freude: Marie und Elise spielten ihr Schuberts ›Duo C-Dur‹ vor. Johannes hatte ihnen das Werk einstudiert.

Im Oktober begann sie wieder mit Konzertreisen und kehrte erst kurz vor Weihnachten nach Düsseldorf zurück. Brahms, der in dieser Zeit einige Konzerte in seiner Heimat gegeben hatte, war im November oft vor den Schaufenstern eines Hamburger Spielzeugladens stehen geblieben.

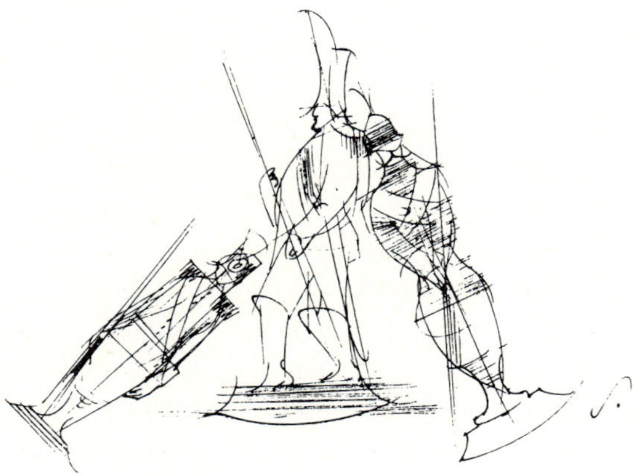

»Ich laufe schon«, schrieb er ihr, »so lange ich hier bin, an einem Laden oft vorbei, wo ich wunderschöne Soldaten entdeckt hatte. Gestern ging ich hinein mit dem Vorsatz, einen Purzelmann für Felix zu kaufen, und sie nebenbei zu besehen. Ich fand einen prächtigen Kerl, der Sie auch noch amüsieren wird, und ging mit einem Herzen voll Sehnsucht fort. Ich ›anbetrachtete‹ wieder und fand, daß ich höchstens noch etwas um den heißen Brei herumgehen könnte, gegessen mußt er sein. Ich habe die allerschönste Schlacht jetzt, wie ich sie noch nicht sah, so schön und einen kleinen Turm dabei! Zu Weihnachten in Düsseldorf will ich alle meine Truppen so schön aufstellen, daß Sie Ihre Freude daran haben sollen!«

Das geschah. Jubelnde Kinderfreude beherrschte die Feiertage. Wieder bereiteten die ältesten Kinder Clara musikalische Überraschungen: die jetzt vierzehnjährige Marie spielte mit Joseph Joachim die ›a-Moll-Sonate‹ von Schumann, Elise, zwölfjährig, die ›Kinderszenen‹.

Doch schon zu Sylvester mußte Clara nach Wien aufbrechen. Sie fürchtete den oberflächlichen Charme dieser einst so geliebten Stadt, fürchtete, wie 1847, mangelndem Interesse für Roberts Werke zu begegnen. Doch das eingeengte Verständnis des Vormärz war inzwischen größerer Hellhörigkeit gewichen. Schuberts Werke und die der anderen Romantiker hatten die Herzen der Musikfreunde erobert. Clara wurde, gerade als Interpretin ihres Mannes, mit größter Begeisterung aufgenommen; die gleiche Herzlichkeit begegnete ihr bei ihrem Auftreten in Budapest. Hier hörte sie zum erstenmal Zigeunermusik: »Überwältigend, rührend, diese Kinder der Natur musizieren zu hören und dabei zu sehen, wie ihnen die Augen leuchten, alle Muskeln dabei in Bewegung sind, und dann dieses wunderbare Improvisieren und immer zusammenfinden!«

Am 8. April 1856 ging Clara auf eine Reise, die sie noch mit Robert zusammen geplant hatte: nach England. Dort war man seiner Musik schon früh mit Verständnis begegnet. Ein Freund aus den Davidsbündlerjahren, William Sterndale Bennett, hatte Clara zu zwei philharmonischen Konzerten in London eingeladen. Andere Abende schlossen sich an. Das Orchester und die mitwirkenden Solisten entsprachen nicht ihren Ansprüchen. Vor allem entsetzten sie die recht oberflächlichen Proben, die meist nur in einem flüchtigen Durchspielen des Programms bestanden. Sie konzertierte auch in

Manchester, Liverpool und Dublin und gab während der drei Monate ihres Englandaufenthaltes 26 Konzerte.

Der materielle Gewinn dieser Reise war nicht groß, doch hatte Clara die ersten Schritte auf einem wichtigen Terrain getan, das für sie ständig an Bedeutung gewinnen sollte. Bis 1888 hat sie fast alljährlich einige Monate in England verbracht, von einem ständig wachsenden Hörerkreis mit Bewunderung und Verehrung erwartet. Sie schätzte den englischen Charakter: »Der Engländer ist erst kalt, schwer zugänglich ... aber einmal warm, ist er es für immer, zu jeder Freundschaft fähig! Ich hatte einige Menschen recht lieb gewonnen.«

Mit schwerem Herzen kehrte sie nach Düsseldorf zurück. Brahms hatte ihr nach einem Besuch in Endenich mitteilen müssen, daß Robert sich nur noch in einzelnen, wirr durcheinanderhuschenden, unartikulierten Worten verständlich machen könne. Am 6. Juli traf sie zu Hause ein, am 23. kam eine Depesche von Dr. Richarz, daß Roberts Ende zu erwarten sei. Zwei Jahre lang hatte sie ihren Mann nicht sehen dürfen; nun trat sie an das Bett eines Sterbenden.

»Ich sah ihn, es war abends zwischen 6 und 7 Uhr. Er lächelte mich an und schlang mit großer Anstrengung, denn er konnte seine Glieder nicht mehr regieren, seinen Arm um mich – nie werde ich das vergessen. Um alle Schätze gäbe ich diese Umarmung nicht wieder hin. Mein Robert, so mußten wir uns wiedersehen, wie mühsam mußte ich mir Deine geliebten Züge hervorsuchen ... Er sprach viel immer mit den Geistern, wie es schien ... verstehen aber konnte man fast nichts mehr.«

Am 29. Juli 1856 starb Robert Schumann. »Sein Kopf war schön ... die Stirn so schön klar, sanft gewölbt. Ich stand an seiner Leiche, des heißgeliebten Mannes, und war ruhig. All mein Empfinden ging auf in Dank zu Gott, daß er endlich befreit.«

Sie nahm die wenigen Sachen an sich, die ihm in der Anstalt gehört hatten. Alles war sehr ordentlich verwahrt, die Noten sauber abgeschrieben, um ihre Briefe ein rosa Bändchen geschlungen. Am 31. Juli 1856 wurde er in Bonn beigesetzt.

»Ich war in der kleinen Kapelle auf dem Kirchhof, ich hörte die Trauermusik, jetzt wurde er hinabgelassen in die Erde, doch hatte ich ein klares Gefühl, daß nicht er es war, sondern nur sein Körper – sein Geist war über mir... Seine liebsten Freunde gingen voran, ich hinterher, (unbemerkt) und so war es am besten... Gott gebe mir Kraft, zu leben ohne ihn.«

Schumanns altes Grabmal in Bonn

Neubeginn

Clara war 37 Jahre alt, als sie ihren Mann zum zweitenmal verlor. Diesmal an den Tod. Immer noch waren ihre Blicke nach Endenich gerichtet gewesen. Immer noch waren wichtige Entscheidungen im Hinblick auf Robert hinausgeschoben worden. Das war vorbei. Sie blieb allein zurück, seelisch tief niedergedrückt, dem Kampf um die Existenz ausgesetzt und beladen mit der Verantwortung für sieben noch unmündige Kinder. Marie, die Älteste, war damals fünfzehn Jahre alt und die einzige, die noch eine lebendige Erinnerung an Erlebnisse mit dem gesunden Vater bewahrte. Sie sagte später rückschauend: »Wenn ich mein Leben überblicke, so leuchtet darin am hellsten meine Kindheit. Das Glück, das ich im Zusammenleben mit den Eltern empfand, die Gewißheit, daß wir Kinder ihnen das Teuerste waren auf der Welt, gab mir ein Gefühl der Sicherheit, der Geborgenheit, der Zuversicht, das mir, als das große Unglück über unser Haus kam, ganz verloren ging, um in dem Maße nie wiederzukehren.«

Eugenie, die 1856 erst dreieinhalb Jahre alt war, bezeichnete später Marie als ihre zweite Mutter; Jahre hindurch hat sie die Geschwister betreut, und ihre heitere Bereitschaft, ein Leben lang für die Familie einzustehen, verband sich mit Musikalität und Intelligenz. Elise, beim Tode des Vaters dreizehn Jahre, wird von Eugenie als die eigenartigste von allen bezeichnet. Sie zeigte schon früh einen ausgeprägten Unabhängigkeitsdrang; äußerlich soll sie Clara am ähnlichsten gesehen haben. Beide Kinder waren damals in Leipzig in Pension. Die zarte, blonde, zwölfjährige Julie muß von ganz besonderer Anmut gewesen sein; sie wurde zunächst zur Großmutter Bargiel nach Berlin, später zu Friedrich Wieck nach Dresden gegeben.

Ludwig und Ferdinand, acht- und sechsjährig, kamen in Pension. »Es tat mir sehr weh, ist aber sicher zu ihrem Besten«, heißt es im Tagebuch. Die beiden jüngsten Kinder, Eugenie und Felix, blieben zunächst in Düsseldorf.

Ludwig, Felix, Ferdinand, Eugenie, hinter ihnen Marie und Elise Schumann

Clara schrieb damals an ihre Freundin Emilie List: »Ich bin jetzt so furchtbar beschäftigt, daß mir der Kopf schwirrt. Denke nur, allein fünf Kinder in Pension, an drei verschiedenen Orten, nur deren Toilette bei Jahreswechsel, wie z. B. jetzt zu besorgen, welche Arbeit, dabei die ungeheuer große Korrespondenz, Stunden geben und selbst studieren und – welchen Kummer, welche Trostlosigkeit im Herzen!«

Sie brachte das Wunder fertig, all diesen so verschiedenartigen Anforderungen gewachsen zu sein. Keine briefliche Äußerung, keine ihrer Entscheidungen trägt den Stempel der Eile, der Flüchtigkeit oder körperlichen Erschöpfung, obwohl sie oft bis an den Rand des Tragbaren belastet war. Auch nach schlaflosen Nächten und Stunden tiefster Bedrückung erhob sich ihre elastische Natur zu neuem Beginn. Diese unzerstörbare seelische Kraft blieb ihr bis ins hohe Alter hinein erhalten. Sie verlieh ihr jenen Hauch »ewiger Jugend«, der sich in so vielen Berichten ihrer Freunde spiegelt.

Nach langen Überlegungen entschloß sich Clara 1857 zur Übersiedlung nach Berlin. Der Entschluß fiel ihr nicht leicht. Die preußische Residenz besaß noch nicht jene Anziehungskraft, die sie als Kaiserstadt in den siebziger Jahren entfalten sollte. »Gott weiß, wie elend ich mich hier fühle«, schrieb Clara kurz nach dem Umzug an Joachim. »Noch stecke ich im tiefsten Trubel, obgleich ich seit bald 14 Tagen von früh bis abends geräumt und besorgt habe. Es ist mir, als sei ich gar nicht mehr ich ... Der Mittwoch, den ich noch allein in Düsseldorf war, wird mir unvergeßlich sein, es war einer der schwersten Tage meines Lebens ... Ich habe diesen Tag die ganzen drei Leidensjahre wieder durchlebt.«

Die beiden großen Mädchen versorgten in Berlin Eugenie und Felix, ihrerseits von Elisabeth Werner, einer Freundin des Hauses, betreut. Julie lebte zeitweise mit den Geschwistern zusammen. Die beiden Kleinen galten als unzertrennlich, ihr Aufenthaltsraum war das sogenannte Berliner Zimmer der Wohnung; hier stand auch ein Tafelklavier zum Üben. Die großen Schwestern durften Claras

Flügel im vorderen Wohnraum benutzen. Sie selber war in diesem Berliner Heim eigentlich nur Gast zwischen verschiedenen Konzertverpflichtungen. Als Eugenie eines Morgens gesagt wurde: geh mal in die Wohnstube, da ist eine Überraschung für dich – »sah ich«, so erzählt sie, »mit unbeschreiblichem Glücksgefühl die Mama auf dem Sofa liegen, wo sie nach durchreister Nacht ausruhte. Sicher ist, daß, wo sie auch sein mochte, wir immer ihre liebende Fürsorge, ihre schützende Hand fühlten und daß sie uns das Höchste auf der Welt war.«

Wie schwer ihr selber die oft monatelangen Trennungen fielen, verrät eine Notiz, in der von vielen Tränen die Rede ist. »Nur das Bewußtsein kann mich beruhigen, daß ja die Opfer alle für meine Kinder sind, ich möchte wenigstens erreichen können, daß sie geistig und körperlich gut ausgestattet in die Welt treten.«

Clara versuchte die Geschwister auch untereinander in ständiger Verbindung zu halten, sie schrieb an jedes einzelne Kind liebevolle Briefe, die seinem Wesen und Entwicklungszustand entsprachen. An den sechsjährigen Felix:

Mein liebes Lixemännchen,
Du hast mir ja ein allerliebstes Briefchen zu meinem Geburtstag geschickt! Aber allein geschrieben hast Du es wohl nicht? Das mußt Du nun auch bald lernen! Daß Du nun eine Geige hast, freut mich. Wie heißt denn der Ton, den Du darauf gespielt? G, D, A oder E? Schreibe mir ja immer, wie viele Töne Du kannst. Vielleicht sind es bald so viele, daß Du sie nicht mehr zählen kannst. Hast Du auch einen Sack für die Geige? Sei recht vorsichtig damit, denn so eine Geige ist kein Spielzeug. Nun lebe wohl, Du lieber kleiner Musikant. Sei fleißig, folgsam und denke recht viel an Deine

Dich küssende
Mutter Clara

Clara hat in den folgenden Jahrzehnten, außer in den Sommermonaten, fast ständig konzertiert. Alle Vereinbarungen mußte sie brieflich treffen, die Termine, die Honorare, die Programme, die Mitwirkenden, ihre eigene Unterkunft vorher festlegen. Da es damals auf dem Kontinent noch keine Konzertagenturen in unserem Sinn gab, war das Netz der Veranstaltungen allerdings nicht so dicht wie heute. Es konnte kurzfristiger disponiert werden. Und eine Künstlerin vom Rang Clara Schumanns war stets und überall willkommen. Die meisten Musikvereinsleiter, Hofintendanten oder wichtigen Dirigenten kannte sie persönlich. Mit vielen verbanden sie freundschaftliche Beziehungen, die bis in ihre Jugendzeit zurückgingen. Nur an geeigneten Konzertsälen mangelte es noch sehr. In vielen Städten wurden deshalb Theatersäle und Festräume von Hotels zu Konzertzwecken genutzt, wie es schon in der Mozartzeit üblich gewesen war.

In kleineren Orten fehlte es beim Publikum oft an Kenntnissen und Verständnis. Doch hinsichtlich ihrer Programmgestaltung machte Clara keine Konzessionen. Sie lernte aber, schwierige neue Werke nur solchen Hörern vorzusetzen, die genügend darauf vorbereitet waren.

Um diese Zeit konnte sie ihre Reisen schon fast durchweg mit der Eisenbahn zurücklegen. Im Anfang waren die Einrichtungen recht primitiv gewesen: Heizung, Belüftung und Toiletten fehlten den Wagentypen der ersten Jahrhunderthälfte fast ganz, Gepäck durfte nicht ins Coupé mitgenommen werden. Die Beleuchtung bestand bis 1837 aus Kerzen, dann ging man zu Rüböl- und Petroleumlampen über. Erst gegen 1860 gab es Gasbeleuchtung.

Die ersten Strecken und Bahngebäude wurden von privaten Gesellschaften errichtet, die hierzu die Konzession der betreffenden Landesherren erhielten. Die hohen Kosten wurden durch Ausgabe von Aktien zusammengetragen. In den späten sechziger Jahren gab es manche Krisen und Zusammenbrüche solcher Gesellschaften. Gewöhnlich griff der Staat dann ein und übernahm deren Einrichtungen. Da es in den Waggons in den ersten Jahrzehnten im Winter bitter kalt war, konnten die Reisenden sich bei der Abfahrt Wärmflaschen mit heißem Wasser leihen. Sie wurden auf den folgenden Stationen gegen frisch gefüllte umgetauscht. Später gab es in den Abteilen eiserne Öfen oder sogenannte Heizkästen, die unter den Sitzen lagen und von außen mit Preßkohle gefüllt wurden. Erst um 1870 wurden die Heusingerwagen eingeführt, die auf der einen Seite einen Laufgang hatten, wie unsere D-Züge. In den achtziger Jahren gab es neben Gasbeleuchtung auch schon Dampfheizung und in manchen Zügen Toiletten. Speisewagen wurden in den siebziger Jahren eingeführt. Vorher konnten bei längeren Aufenthalten die Bahnhofsrestaurants aufgesucht werden. Diese hielten auch Speisekörbe mit Eßwaren und Wein bereit, die vor der Abfahrt des Zuges wieder eingesammelt wurden.

In den Jahren nach Roberts Tod legte Clara den Grund zu ihrem Ruf als Interpretin von europäischem Rang. Ihre Reisen wiederholten sich fast 40 Jahre hindurch in buntem Wechsel. In vielen Orten und Gegenden konzertierte sie mit einer gewissen Regelmäßigkeit, namentlich in Leipzig, Hamburg, Berlin, dem Rheinland, Wien,

1835

1840

1860
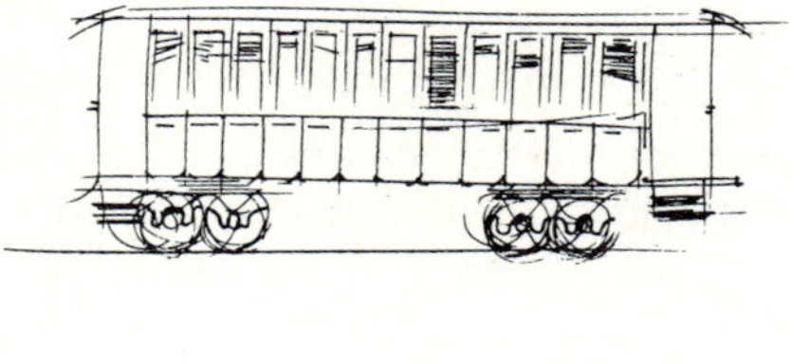

1870

1850–1860

Budapest, Prag, in der Schweiz, in Belgien, Holland und England. Es können hier nur die wichtigsten Etappen dieses jahrzehntelangen Konzertierens gestreift werden.

Die Honorare der Konzertvereine, von denen Clara engagiert wurde, waren damals im allgemeinen großzügig, die Einnahmen eigener Veranstaltungen zuweilen erstaunlich hoch. Die Unkosten hielten sich in bescheidenen Grenzen; es bedurfte ja noch keiner Propaganda im heutigen Stil, ein paar Zeitungshinweise genügten. Die Verhältnisse in den verschiedenen Gegenden waren recht unterschiedlich. In Süddeutschland war man an niedrige Eintrittspreise gewöhnt, das teuerste Billett eines Münchener Abends kostete z B. 20 Silbergroschen; entsprechend niedrig blieben die Einnahmen.

Dagegen notierte Clara im Tagebuch, daß die Gesellschaften in Bern und Basel sehr nobel gewesen seien. »Ich hatte z. B. das Konzert mit 400 Frcs honoriert, dann mein eigenes Konzert mit ebensoviel garantiert, und alles, Saal und Orchester, frei. So honett sind sie in Deutschland nicht.«

Am 15. Dezember 1857 stellte sie aber noch weitere Betrachtungen an: »Hier in Bern leben sie noch sehr nach der alten Mode in Allem und lassen nicht daran rütteln. Das hat auch sein Gutes, hält aber doch in gewisser Hinsicht die Bildung auch auf. Musikalisch sieht es ganz entsetzlich hier aus. Gesang war in den Konzerten, wie mans wohl kaum schlimmer hören kann, die Musiker haben kaum das liebe Leben und mir tat das Herz weh, wenn ich das volle Haus sah und meine Begleitung, die armen zerlumpten Musiker. Hätte ich nicht die Kinder, ich hätte diesen meine Einnahme geschenkt...«

Die Freundschaft mit Johannes Brahms war zum festen Bestandteil ihres Lebens geworden. Ein ständiger Briefwechsel hielt sie gegenseitig auf dem laufenden; jede Gelegenheit zur persönlichen Begegnung, manchmal auch zu gemeinsamem Konzertieren, wurde genutzt. Brahms sandte Clara seine neuesten Kompositionen, bat um ihr Urteil und ließ sie an seinen Plänen, Erfolgen und Rückschlägen teilnehmen. Denn auch solche blieben nicht aus. Noch immer spricht Besorgtheit, oft Bewunderung, manchmal Zärtlichkeit aus seinen Worten. Im Herbst nach Schumanns Tod schreibt er ihr aus Hamburg: »Könntest Du nur fühlen, mit welcher Liebe ich so oft an Dich denke, Du wärest manchmal doch getröstet. Ich liebe Dich unsäglich, meine Clara, wie es mir nur möglich ist. Wie vieles hast Du aus meinem Herzen verdrängt, und tust es immer mehr.«

Dann wieder mahnt er mit der ganzen Erfahrung seiner 24 Jahre: »Liebe Clara, Du mußt ernstlich darnach trachten und dafür sorgen, daß Deine trübe Stimmung nicht alles Maß überschreite und nicht ohne Aufhören sei. Das Leben ist kostbar; gewaltig zerstört solche Geistesstimmung den Körper...«

Brahms schrieb diese Zeilen in Detmold, wo er für drei Monate als Lehrer der musikalisch begabten Prinzessin Friederike und als Leiter eines Gesangvereins vom Lippe-Detmoldischen Hof engagiert worden war. Die Prinzeß war ursprünglich Claras Schülerin gewesen, diese hatte die Fäden für Johannes geknüpft. Er nahm die Vorteile, die seine Verpflichtungen ihm boten, zielbewußt wahr. So schreibt er im gleichen Brief an Clara: »Gestern hatte ich Singverein. Ich fühle mich beim Einstudieren, als ob ich es schon 25 Jahre getan hätte. Ein nicht unbedeutender Nutzen wird auch meiner Stimme durch das laute Sprechen. Ich benutze diesen Vorteil, wie jeden, den ich erfassen kann. Sie macht sich majestätisch, meine Stimme. Wenn der Chor forte singt, dann übe ich sie und brülle dazwischen, eigentlich bloß meinetwegen und zu meiner Übung. Da nahmen wir denn auch das ›Zigeunerleben‹ (von Robert Schumann) vor, und es wird gewiß bald reizend gehen.«

In den Jahren zwischen 1857 und 1859 folgte Brahms dreimal dem Detmolder Ruf. Am Hofe wurde es Mode, beim jungen Brahms Klavierunterricht zu nehmen; darüber hinaus gewann er gute Freunde, vor allem in dem Konzertmeister Bargheer und dem Studenten Karl von Meysenbug, einem Sohn des Detmolder Hofmarschalls. Nur Friedrich Kiel, der ständige Dirigent des Hoforchesters, begegnete ihm mit starker Skepsis. Der selbstbewußte junge Musiker erschien ihm in seinen Umgangsformen zuweilen allzu nachlässig.

Brahms hat von den Detmolder Aufenthalten spürbar profitiert. Er wirkte als Solist in den Hofkonzerten mit, beteiligte sich an Kammermusikaufführungen und studierte mit dem Chor eigene Werke oder solche, die ihm besonders am Herzen lagen. Außerdem genoß er die unmittelbare Nähe einer noch ganz ungestörten Natur. Damals verkehrte zwischen Detmold und Bielefeld lediglich eine fürstlich Thurn und Taxis'sche Postkutsche!

In diesen Jahren entstanden seine beiden ›Orchester-Serenaden in D und A‹, Vorläufer späterer Sinfonik, das erste ›Streichsextett in B‹ und verschiedene Chorwerke. Ferner entwarf Brahms hier die ›Klavierquartette in g-Moll und A-Dur‹ und schrieb ein Heft ›Volkskinderlieder‹ für Claras Kinder. Auch sein erstes ›Klavierkonzert in d-Moll‹, anfangs als Sonate für 2 Klaviere, später als Symphonie geplant, fand in Detmold seine endgültige Form. Die Uraufführung fand unter Joachims Leitung in Hannover statt. Sehr vergnügt berichtete er darüber an Clara.

»Liebe Frau Schumann, wir haben gestern Abend also Johannes' Konzert vor einem hohen Hannoverschen Adel und sonstigem Publikum, ja selbst vor sämtlichen allerhöchsten Herrschaften gespielt. Und es ging sehr gut! Es wurde das Konzert sogar durch Hervorruf des Spielers und Komponisten geehrt, dessen Bücklinge so aussahen, als wollte er nach Untertauchen im Wasser die Feuchtigkeit aus den Haaren schütteln. Er hat sich aber sonst sehr gut aufgeführt, namentlich sehr erträglich und im Takt gespielt, und ist wirklich ein ganzer Kerl!«

Wenige Tage später, am 27. Januar 1859, erlitt das Werk im Gewandhaus einen vollständigen Durchfall. Das konservative Leipziger Publikum hatte ein Virtuosenkonzert erwartet; die geniale neue Art, in der hier Soloinstrument und Orchester miteinander verflochten werden, stieß auf völlige Verständnislosigkeit. Johannes schrieb danach sarkastisch an Joachim: »Noch ganz berauscht von den erhebenden Genüssen, die meinen Augen und Ohren durch den Anblick und das Gespräch der Weisen unserer Musikstadt schon mehrere Tage wurden, zwinge ich diese spitze und harte Sahr'sche Stahlfeder, Dir zu beschreiben, wie es sich begab und glücklich zu Ende geführt ward, daß mein Konzert hier glänzend und entschieden – durchfiel.«

An Clara berichtete er sachlicher. »Mein Konzert ging sehr gut, ich hatte zwei Proben. Du weißt wohl schon, daß es vollständig durchgefallen ist. In den Proben tiefstes Schweigen, in der Aufführung (wo sich nicht 3 Leute zum Klatschen bemühten) durch ordentliches Zischen. Mir hat das keinen Eindruck gemacht.«

Clara empfand tief mit ihm, sie schrieb aus Wien: »Als ich die erste Nachricht über den unglücklichen Erfolg Deines Konzertes erhielt, setzte ich mich gleich hin, Dir zu schreiben, ich hatte so ein Gefühl, als müßte Dir ein freundliches Wort wohl tun, da bekam ich Angst, Du könntest mir kurz antworten, und das hätte mich gekränkt. Ich habe aber an der Sache lange zu verwinden gehabt...«

Hier zeigt sich deutlich, welche Wandlung ihre Beziehung durchgemacht hat. Brahms ist schweigsamer, selbständiger – männlicher geworden. Er mag nicht bemitleidet werden, auch von den liebsten Freunden nicht. Das norddeutsche Element in ihm hat sich im Laufe der Zeit immer stärker durchgesetzt. Clara empfand seine kühlere, sachlichere Haltung zuweilen als verletzend; Johannes wird leicht kratzbürstig, verkriecht sich hinter seiner rauhen Schale, während er innerlich mit großer Treue an Clara hängt. Doch begann er in dieser Zeit, zielbewußter als bisher, ein Eigenleben zu führen.

Die wichtigste Episode dieser Jahre ist die Begegnung mit einem kleinen Frauenchor, den er leitete. Er war gelegentlich eines festlichen Anlasses in Hamburg entstanden und erweiterte sich schließlich auf 40 Stimmen. Brahms studierte mit »seinen Mädchen« Werke alter Meister und schrieb auch eigene Kompositionen für sie: die ›Volkslieder für Frauenchor‹, die ›Marienlieder‹, den ›Begräbnisgesang‹ und verschiedene Solo-Quartette. Die Chorarbeit bereitete ihm große Freude, nebenbei betrachtete er sie als Vorübung für größere Aufgaben. Im stillen hoffte er schon damals, einmal als Dirigent an die Hamburger Philharmonie berufen zu werden.

Als er im September 1859 wieder nach Detmold ging, berichtete er Clara vom letzten Konzert mit »seinen Mädchen« in einer Hamburger Kirche. Zum Abschied hatten sie ihm ein silbernes Schreibzeug geschenkt. »Eigentlich wird wohl schon etwas Kultus mit mir getrieben; das kann aber gar nicht schaden, denke ich. Ich schreibe wenigstens immer lustiger, und es tönt in mir, als müßte mit der Zeit Himmlisches herauskommen. Nächstes Jahr mußt Du die lustige Wirtschaft mitmachen!«

Johannes ist in gelöster, glücklicher Stimmung. Das hat nicht nur musikalische Gründe. Zum erstenmal, seit er Clara kennt, hat sich sein Herz einer anderen Frau zugewandt. Es ist Agathe von Siebold, eine junge Professorentochter in Göttingen, die er durch seinen Freund Julius Otto Grimm kennenlernte. Grimm hat hier einen Gesangverein gegründet, dem Agathe angehört. Sie ist klug und anmutig und musikalisch und besitzt eine schöne Stimme. Brahms begleitet sie gern – und nicht nur am Flügel. Die Umgebung rechnet im stillen fest mit einer Verlobung. Auch Agathe muß annehmen, daß Brahms sich zum mindesten bald erklären wird. Das aber geschieht nicht. In einem Brief an sie, der nicht erhalten ist, bekennt er zwar in leidenschaftlichen Worten seine Liebe. Doch ihnen folgt der ernüchternde Satz: »Fesseln tragen kann ich nicht! Schreibe mir, ob ich wiederkommen soll, Dich in meine Arme zu schließen, Dich zu küssen...« Agathe war es, die danach die Beziehung abbrach.

Clara empfand tief mit ihr. »Immer sah ich das arme verlassene Mädchen und lebte alles Leid mit ihr durch. Ach, lieber Johannes, hättest Du es doch so weit nicht kommen lassen!«

Viel später, als ihn der Dichter Josef Victor Widmann einmal fragte, warum er nicht geheiratet habe, antwortete ihm Brahms: »In der Zeit, in der ich am liebsten geheiratet hätte, wurden meine Sachen in den Konzertsälen ausgepfiffen oder wenigstens mit eisiger Kälte aufgenommen. Das konnte ich nun sehr gut ertragen, denn ich wußte genau, was sie wert waren und wie sich das Blatt schon noch wenden würde. Aber wenn ich in solchen Momenten vor die Augen der Frau hätte hintreten und ihr hätte sagen müssen: es war wieder nichts! – das hätte ich nicht ertragen!«

Man glaubt es ihm. Brahms war stolz, im Grunde ein Einzelgänger, Mitleid wäre ihm unerträglich gewesen. So blieb von den Göttinger Tagen nichts als eine tönende Erinnerung, die sich im Thema seines ›G-Dur-Sextettes‹ verbirgt: a, g, a, h, d, e heißt es im ersten Satz. Es ist der musikalisch umgesetzte Name Agathe. Auch berühmte Lieder entstanden in dieser Zeit: ›Die Mainacht‹, ›An eine Äolsharfe‹, ›Der Gang zur Liebsten‹ und andere.

Der Hamburger Frauenchor hat Brahms noch 1860 beschäftigt, und als er erfuhr, daß Clara nach einem anstrengenden Winter den Plan ihrer England-Tournee aufgegeben hatte, bestürmte er sie, nach Hamburg zu kommen. »Ich kann doch einiges tun, Dir die Zeit angenehm zu machen... Soll ich Dir beschreiben, liebe Clara, daß ich die größte Liebe für Dich und Den, der Dich verlassen hat, habe und ewig haben werde? Wie gerne zeigte ich sie Dir! Ich versichere Dich, Du hast kindliches Gemüt genug Dich an meinem Frauenchor zu amüsieren...«

Johannes drängte so herzlich, daß sie sich tatsächlich entschloß, ihn an seinem Geburtstag zu überraschen. Sie kam mit Marie einen Tag vorher an und wohnte im Hotel Petersburg. Im Tagebuch steht: »Wir musizierten oft, Serenaden, welche beide mir gleich lieb sind, die Harfenlieder noch öfter; Marienlieder, Volkslieder im Frauenverein kamen oft daran, immer zu meiner Freude ... Einen schönen Abend hatten wir einmal, wo uns Johannes viel von seiner Kindheit erzählte; so oft ich es schon von ihm gehört, so rührt es mich immer wieder ... Sonntag d. 20. wurde eine schöne Partie mit einem Teil des Frauenchors nach Blankenese auf dem Dampfschiff gemacht, dort dann in den Gärten die schönsten Bäume herausgesucht und unter diesen gesungen: Johannes saß dann als Dirigent auf einem Baumast.«

Das Jahr 1860 brachte den 50. Geburtstag von Robert Schumann. In vielen Städten gedachte man dieses Tages durch Aufführungen seiner Werke, in Leipzig wurde die Oper ›Genoveva‹ gespielt; auch beim Rheinischen Musikfest, dem Clara mit Brahms und Joachim beiwohnte, erklang Schumannsche Musik. Der anschließende Ferienaufenthalt in Bad Kreuznach wurde durch die Anwesenheit aller Kinder unruhiger, als es für Claras Kur gut gewesen wäre. Doch war sie glücklich, einmal alle sieben um sich zu haben.

Nach rastlosem Konzertieren verbrachte sie Weihnachten mit Marie zusammen; Anfang Januar ging es zu Konzerten nach Nord- und Westdeutschland, anschließend nach Belgien. »Ich habe die Freude gehabt, mit guter Musik das Publikum in Brüssel zum größten Enthusiasmus hinzureißen; wer die musikalischen Zustände dort kennt, weiß was das sagen will.«

Ende April traf sie in Berlin ein, um ein neues freundliches Logis am Schöneberger Ufer 22 einzurichten; Fräulein Werner und ihre Angehörigen wohnten auf dem gleichen Flur – eine große Beruhigung für Clara. Tagelang suchte sie nach einer Unterbringungsmöglichkeit für Ludwig und Ferdinand. Sie fanden schließlich bei einem Lehrer des Joachimsthalschen Gymnasiums Aufnahme.

Bei all ihren Überlegungen und Plänen war der Gedanke an die Kinder vorherrschend. Ganz besonders lag ihr daran, alle so viel wie möglich lernen zu lassen: sie sollten später auf eigenen Füßen stehen können. Auch die Töchter. Nie und in keiner ihrer Äußerungen wird etwa der Wunsch nach einer »guten Partie« für eine von ihnen laut. Diese Erziehung zur Selbständigkeit war damals etwas ganz Ungewöhnliches.

Eugenie und Felix

Als Brahms ihr einmal Vorwürfe machte, daß sie sich mit den vielen Konzertreisen zu sehr anstrenge, antwortete sie: »... bedenke doch meine Sorgen, noch sieben Kinder zu erhalten, fünf noch zu erziehen, nächsten Winter sind sie alle wieder zuhaus; Du kennst ja meine Ansicht darüber, ich will sie ihre Jugend so lange als möglich genießen lassen, nicht in Faulheit, aber die Geschwister zusammen, so viel es geht. Die Jungen kosten jetzt mit jedem Jahr mehr, und kommen sie vor ihrem 20. Jahre zu einem Selbstverdienste, so kann ich es doch nur als einen glücklichen Zufall ansehen. Die Kleinen werden noch recht viel brauchen ... und dann, soll ich denn gar nicht an meine Zukunft denken? ich kann ja nicht wissen, ob ich nicht noch lange leben muß? sollte ich das in steter Sorge um mein täglich Brot? oder abhängig von meinen Kindern? ... Ich übertreibe es doch nicht, denn an innerer Frische und Wärme fühle ich mich nicht ärmer, im Gegenteil jugendlicher als vor 20 Jahren und glaube, daß ein ruhigeres Leben meinem Kummer nur zu viel freien Raum ließe.«

Große Freude hatte sie an einem Besuch in Hamburg mit ihrer Tochter Julie. Brahms hatte gerade seine ›Händelvariationen‹ vollendet, die Clara entzückten. »Voller Genialität«, schrieb sie an Marie, »mit einer Fuge am Schluß, die Kunst und Begeisterung in einer Weise vereint, wie ich Weniges kenne. Sie sind furchtbar schwer, ich habe sie aber doch nun beinah gelernt – es steht darüber ›Für eine liebe Freundin‹ – Du kannst Dir denken, welche Freude mir der Gedanke macht, daß er bei diesen herrlichen Variationen an mich gedacht.«

Die Geburtsdaten
der Schumann'schen Kinder

Marie 1.9.1841 in Leipzig
Elise 25.4.1843 in Leipzig
Julie 11.3.1845 in Dresden
Emil 8.2.1846 in Dresden
22.6.1847 †
Ludwig 20.1.1848 in Dresden
Ferdinand 16.7.1849 in Dresden
Eugenie 1.12.1851 in Düsseldorf
Felix 11.6.1854 in Düsseldorf

Clara spielte in Hamburg unter Brahms' Leitung im Philharmonischen Konzert sein ›d-Moll-Klavierkonzert‹ vor einem »dummen« Publikum und in einer eigenen Soiree die neuen ›Händel-Variationen‹. Bezeichnend für beide ist, was sie danach in ihr Tagebuch schrieb:

»Ich spielte sie unter Todesangst, aber dennoch glücklich und mit viel Beifall. Johannes aber kränkte mich tief durch die Gleichgültigkeit, die er mir in Bezug darauf bewies. Er äußerte, er könne die Variationen nun nicht mehr hören, es sei ihm überhaupt schrecklich, etwas von sich hören zu müssen, untätig dabei zu sitzen. Einesteils begreife ich dies Empfinden recht gut, anderteils aber ist es doch sehr hart, wenn man alle seine Kräfte an ein Werk gesetzt und vom Komponisten selbst kein freundliches Wort dafür hat...«

Schon im März war Clara in Paris, das sie seit ihren Mädchenjahren nicht mehr besucht hatte. Sie traf dort unter anderm mit ihrer Kindheitsfreundin, der Sängerin Pauline Viardot-Garcia, und dem Sänger Julius Stockhausen zusammen, der als idealer Interpret deutscher Lieder, vor allem der Schumanns, galt. Sie trägt ins Tagebuch ein:

»Merkwürdig ist es doch und wunderschön, wie Stockhausen sich inmitten dieser französischen Künstler, die alle fast auf Effekt ausgehen, so rein erhalten hat. Er war jahrelang an der Komischen Oper und blieb der noble echt deutsche Sänger, obgleich er selbst ein halber Franzose ist.«

Claras Spiel erregte Begeisterung, obwohl – oder vielleicht gerade weil – es sich von dem der französischen Pianisten so deutlich unterschied. Mit wachem Interesse nahm sie alle künstlerischen Eindrücke auf, die sich ihr hier boten. In der Pariser Oper entzückte sie vor allem die Pracht der Szenerie; bei Konzerten des Conservatoire-Orchesters die ungewöhnliche Präzision der Spieler. »Es war technisch das Vollendetste, was ich noch gehört, aber – kalt... Was ließe sich wohl mit diesem Orchester machen, wenn da Feuer hineinkäme!«

Besonders glücklich machte es sie, daß sie eine Reihe interessierter

Felix, Elise, Julie, Marie, Eugenie etwa 1860

Musiker zu einer Brahms-Séance bitten und ihnen die ›Händelvariationen‹ und andere Werke von Johannes vorspielen konnte.

Im Sommer fand sie Erholung in Münster am Stein, danach in Baden-Baden, das sie zum erstenmal aufsuchte. Und am 1. August 1862 steht in ihrem Tagebuch:

»Ich habe auf vielfaches Zureden von Elisabeth Werner und der Viardot mir ein Häuschen angesehn, welches mir so gut gefällt, daß ich darauf geboten habe. Da ich den ganzen Winter herumreise, so wäre es doch sehr zweckmäßig, wenn ich im Sommer ein festes Domizil hätte, wo ich dann doch auch zeitweise die Kinder um mich haben könnte. So wie bisher führe ich doch das schrecklichste Leben, weiß im Sommer nie wohin ... fühle mich nirgends heimisch und finde auch zu eigenem Studium weder Zeit noch Sammlung. Hier in Baden hätte ich die schönste Natur und auch künstlerischen Verkehr, denn Alles kommt ja hierher – vielleicht nur zuviel.«

Anfang Oktober erwarb sie Lichtenthal 14, »ein kleines, bescheidenes, aber sehr nettes Häuschen«, für 14000 Gulden, damals etwa 17000 Mark. »Ich bin so erregt, daß ich kaum schreiben kann. Es zieht so vieles mir durch die Seele! Eine neue Heimat, was wird sie mir bringen?«

Fast zur selben Zeit erlebte Johannes die bitterste Enttäuschung seines bisherigen Lebens. Stets hatte er im stillen gehofft, eines Tages Dirigent der Philharmonischen Konzerte in Hamburg werden zu können, die seit über dreißig Jahren von Friedrich Wilhelm Grund geleitet wurden. Dieser hatte inzwischen das 73. Lebensjahr erreicht. Man hatte Brahms große Aussichten gemacht und ihm nahegelegt, die Zeit der Entscheidung außerhalb Hamburgs zu verbringen; er war deshalb nach Wien gegangen. Dort führte er sich erfolgreich als Pianist ein und fand auch mit seinen Kompositionen Anerkennung. Danach wartete er Tag für Tag auf die Berufung, die ganz sicher zu sein schien.

Doch in Hamburg hatte man sich inzwischen anders besonnen. Julius Stockhausen, der hervorragende Sänger, ein Interpret von Rang, doch als Dirigent kaum erfahrener als Brahms, zudem gebürtiger Elsässer, wurde zum Nachfolger Grunds berufen. In einem Brief an Clara spiegelt sich Johannes' bittere Enttäuschung wider.

»Es ist mir ein viel traurigeres Ereignis, als Du denkst und vielleicht begreiflich findest. Wie ich überhaupt ein etwas altmodischer Mensch bin, so auch darin, daß ich kein Kosmopolit bin, sondern wie an einer Mutter an meiner Vaterstadt hänge ... Jetzt, hier, wo mich so viel Schönes erfreut, empfinde ich doch, und würde es immer empfinden, daß ich fremd bin und keine Ruhe habe ... Konnte ich hier nicht hoffen, wo soll ichs? Wo mag und kann ichs? Du hast an Deinem Mann erlebt und weißt es überhaupt, daß sie uns am liebsten ganz los lassen und allein in der leeren Weite herumfliegen lassen. Und doch möchte man gebunden sein und erwerben, was das Leben zum Leben macht und ängstigt sich vor der Einsamkeit.«

Clara antwortete ihm tief bewegt. »Soll ich Dir sagen, wieviel ich an Dich denke? Du mußt es ja wissen, ohne daß ich es ausspreche ... Ich fühle alles Weh mit Dir, wie ich dasselbe ja jahrelang mit meinem Robert durchgelitten.«

Es war der größte Einschnitt in Brahms' künstlerischer Existenz. Er blieb danach in Wien, obwohl er sich dort zunächst sehr fremd fühlte, nahm eine Stellung als Chormeister der Wiener Singakademie an, die er bald wieder aufgab, und vergaß die Hamburger Enttäuschung nie.

Lichtenthal 14 und die Kinder

Als Clara das Haus in Baden-Baden erwarb, war sie 44 Jahre alt. Die Überzartheit der jungen Jahre hatte sich verloren, sie war nun eine stattliche Erscheinung, in ihren Bewegungen, ihrem Auftreten energisch und temperamentvoll.

»Kam sie zur Tür herein«, sagte ihre jüngste Tochter Eugenie, »so war mir immer, als ob alles an ihr flöge ... Die Züge ihres Antlitzes

Lichtenthal 14

sind aus vielen Bildern bekannt – welcher mechanische Apparat jedoch, welcher Stift vermöchte den Geist, die Seele dieser Züge, ihre Beweglichkeit, die sanfte, stets wechselnde Färbung wiederzugeben? Wunderbarste Ruhe und lebhafteste Beweglichkeit wohnten dicht beieinander... Wen ihr Blick traf, den erfaßte, umfaßte er ganz ... Er ›wickelte einen ein‹, wie es eine liebe Freundin einst ausdrückte. Kam man auf die Kunst, auf geliebte und bewunderte Menschen zu sprechen, so wurde er feurig und schwärmerisch ... Die Stimme war sanft und wohltönend. Ein leises Anstoßen mit der Zunge gefiel uns Kindern außerordentlich und ein Anflug von sächsischem Dialekt gab Anlaß zu manchen Neckereien ... Was aber meine Mutter erlebt, gelitten und geleistet hatte, kam doch nirgends so zum Ausdruck, wie in ihren Händen.«

Im Mai 1863 zog Clara zum erstenmal in ihrem Leben in ein eigenes Haus. Es war ursprünglich ein Bauernhäuschen mit einer

Scheune gewesen; eine spätere Besitzerin hatte diese in Wohnräume umbauen lassen, doch von außen glich das Ganze, wie die Kinder meinten, eher einer Hundehütte. Der Hauptwohnraum war hell und anmutig, drei Fenster gaben den Blick auf eine rebenumrankte Veranda frei, den Garten, die Oos und die Platanen der Lichtenthaler Allee am jenseitigen Ufer. An der Längswand gegenüber stand der Flügel. Die Tapete, grau mit wenig Gold darin, war von Marie und der Mutter mit großer Sorgfalt ausgewählt worden, und die schönen Kupferstiche nahmen sich sehr gut darauf aus.

In dieser Umgebung erlebte Clara mit den heranwachsenden Kindern die glücklichsten Sommer ihres Lebens. Hier konnte sie von den anstrengenden Konzertreisen ausruhen, konnte gute Freunde empfangen, neue Werke von Brahms studieren und sich mit den Problemen der Kinder beschäftigen. Der Haushalt wurde, wie sie schon im Juni befriedigt an Brahms berichtet, ganz nach ihrem Sinn geordnet:

»Jedes der Kinder (der Großen) hat sein Departement und da muß denn Alles an der Schnur gehen, und ich habe mich ganz gut wieder hineingefunden, die Augen auch wieder überall in der Wirtschaft zu haben ... Die wundervolle Natur kennst Du ja, mein Haus wirst Du aber kaum bemerkt haben, da es das kleinste unter allen ist, von außen fast wie ein Bauernhäuschen, im Innern freilich nicht – ich habe drei Flügel, also genug Platz. Neulich habe ich eine kleine Gesellschaft gegeben, wo es ganz gemütlich war: Madame Viardot und ich spielten Trios, dann sang sie.«

Marie, jetzt 22 Jahre alt, war die Vertraute ihrer Mutter geworden; sie erinnerte Clara in ihrem Wesen stark an Robert. Sie spielte ausgezeichnet Klavier und erhielt, wie auch Elise, während der Baden-Badener Aufenthalte zweimal wöchentlich Unterricht bei Clara. Marie unterstand das gesamte Hauswesen. Sie besorgte die Küche, beaufsichtigte ihre jüngeren Geschwister und nähte obendrein geschickt und geschmackvoll Sommerkleider für sich und die Schwestern. Manchmal brachte Clara reizende gestreifte oder geblümte Stoffe aus England mit; das ganze Haus verfolgte dann mit

Spannung die Entstehung von Maries Créationen, besonders, nachdem die erste Nähmaschine angeschafft worden war.

Der Tageslauf war genau eingeteilt. Bei schönem Wetter wurde gemeinsam in der grünumrankten Gartenlaube gefrühstückt, Briefe wurden gelesen, Pläne für den Tag gemacht. Danach mußten die Kinder üben. Nachmittags wurde gelesen oder genäht; um vier tranken die Kinder im Eßzimmer Kaffee, während Clara ihre täglichen Gäste im Wohnzimmer empfing. Oft schlossen sich lange gemeinsame Spaziergänge an; Clara liebte die dunklen Tannenwälder des Schwarzwaldes, die »verrufenen« Stellen, die Ausblicke in blaue Fernen. Schumanns Lied ›Sehnsucht nach der Waldgegend‹ war immer eines ihrer Lieblingslieder gewesen.

»Bei den Spaziergängen ging es selten ohne Einkehr ab, was uns Kindern natürlich gar nicht unangenehm war, und Mamas Lieblingsessen, Pfannkuchen mit viel Zucker und Salat mit viel Essig, war auch das unsere ... Sie hatte stets ausgezeichneten Appetit und aß gerne; auch konnte sie aus den höchsten Regionen ohne weiteres zu leiblichen Genüssen herabsteigen.«

Und das war gut so, denn die Baden-Badener Sommer brachten neben viel Beglückendem auch schwere Stunden und bittere Entscheidungen. Schon in Berlin hatte es Schwierigkeiten mit Ludwig gegeben. Er blieb in der Schule hinter Ferdinand zurück, obwohl er der ältere war, lernte nur schwer und wurde schließlich zu einem Pfarrer aufs Land, später in eine Karlsruher Buchhändlerlehre gegeben. »Ludwig hat mir solche Sorgen gemacht – ein träumerischer Junge, der eigentlich zu gar nichts neigt, als träumen«, charakterisierte ihn Clara einmal. Sie hing sehr an diesem Sohn, der ihr äußerlich besonders ähnlich war. Im Laufe der Jahre mußte sie einsehen lernen, daß Ludwig nicht nur verträumt und energielos, sondern geisteskrank und unfähig zu einem Beruf war.

Die blonde Julie, »ein Mädchen, an das man wohl nicht ohne einige Schwärmerei denken kann«, wie Brahms sagte, machte ihr Sorgen durch gesundheitliche Anfälligkeit. Zwar hieß es ärztlicherseits, ihr Husten sei nervöser Natur, doch beunruhigte Clara seine Hartnäckigkeit. Julie lebte bei guten Freunden und verbrachte den

Winter mit diesen meist im Süden. Sie war zart, schön, von großem Charme, auch musikalisch begabt. Obwohl sie von früher Jugend an gewohnt war, Gast in fremden Häusern zu sein, überall beliebt, überall als Familienmitglied betrachtet, hing sie mit schwärmerischer Zärtlichkeit an Mutter und Geschwistern. Sie lernte bei ihren Freunden in Divonne Graf Marmorito aus Turin kennen; nach längerem Beisammensein hatte er sich ihr erklärt, und beide baten Clara um ihr Einverständnis zur Heirat. Clara hielt die Standes- und Konfessionsunterschiede für bedenklich: »Ich habe ihr alle meine Zweifel mitgeteilt, doch mehr mir zur Beruhigung, denn Liebe läßt sich nicht abschrecken; das weiß ich ja aus meinem eigenen Leben!«

Im Juni 1869 kam Marmorito nach Baden-Baden; die Verlobung wurde offiziell bekanntgegeben. Clara teilte sie Johannes persönlich mit, »der ganz erschrocken schien«, wie sie bemerkt. Eine Woche später heißt es in ihrem Tagebuch:

»Johannes ist wie umgewandelt jetzt, kommt selten und ist einsilbig; auch gegen Julie, gegen die er vorher so sehr liebenswürdig immer war. Hat er sie wirklich lieb gehabt? Doch er dachte ja nie an Heiraten und Julie hatte nie Neigung für ihn.«

Im September fand die Trauung in der Lichtenthaler katholischen Kirche statt. »Nach der Kirche hatten wir noch ein Frühstück zuhaus und dann reiste das Paar ab. Es gelang mir, mich den andern gegenüber stark zu zeigen«, schreibt Clara, und etwas später:

»Johannes brachte mir vor einigen Tagen ein wundervolles Stück, Worte von Goethe aus der ›Harzreise im Winter‹, ›eine Rhapsodie für Alt, Männerchor und Orchester‹. Er nannte es seinen Brautgesang. Es erschütterte mich so durch den tiefsinnigen Schmerz in Wort und Musik, wie ich mich lange nicht eines solchen Eindrucks erinnere... Ich kann dies Stück nicht anders empfinden als wie die Aussprache seines eigenen Seelenschmerzes. Spräche er doch ein Mal nur so innig in Worten!«

Besonders eng verbunden war Clara mit Felix, der erst nach Schumanns Erkrankung auf die Welt gekommen war. Er lernte gut, war sehr musikalisch und hätte am liebsten die Schule vorzeitig verlassen, um Musik zu studieren. Clara, die ihre vielseitige Bildung erst im Laufe des Lebens selbständig erworben hatte, hielt ihm den geistig durchgebildeten Menschen als Idealtyp des Künstlers vor. Sie erinnerte an ein Wort seines Vaters, der als Musiker ganze Menschen gefordert hatte, »die nicht nur ein oder zwei Instrumente passabel spielen, sondern die den Shakespeare und Jean Paul verstehen«. Am Beispiel ihres eigenen Lebens versuchte sie, Felix den Begriff der Pflicht lebendig zu machen.

»Sei fleißig, mein kleiner Schumann«, schrieb sie ihm, »und wird es Dir einmal schwer, so denke an Deine Mama, der manches auch schwer wird, der aber die Liebe zu Euch immer wieder Kräfte gibt.«

Besonders ausführlich ging sie auf seinen Wunsch ein, Musiker zu werden. Sie schrieb dem Dreizehnjährigen:

»... das wäre aber ein großer Schritt, schwerer, als du glauben magst. Wirst Du nicht einmal ein eminenter Geiger, so kannst Du noch so tüchtig sein, Du wirst als Sohn Robert Schumanns eine kümmerliche Rolle spielen ... So sehr ich nun die Überzeugung habe, daß Du mit Deinem Talente als Amateur Dir und andern Freude machen kannst (dazu bedarf es aber auch schon des Fleißes), so wenig glaube ich an eine solche Begabung bei Dir, wie sie zu hoher Künstlerschaft gehört. Darum überlege Dir das ja recht ordentlich, mein teurer Felix. Du hast so schöne andere Geistesgaben, daß Dir manch anderer Lebensweg offensteht ... Ich will Dich aber, Dir und mir zur Beruhigung, von Herrn Joachim prüfen lassen. Er wird der beste und unparteiischste Richter sein. Was meinst Du dazu?«

Die nur um zweieinhalb Jahre ältere Eugenie hatte an ihren Vater, wie Felix, keine eigene Erinnerung mehr. Sie lernte ein richtiges Familienleben eigentlich erst in Baden-Baden kennen. Jahre hindurch war sie bei Fremden oder in Pension gewesen. Die letzten Jahre der Schulzeit verbrachte sie in Neu-Watzum, einer Erziehungsanstalt der bekannten Pädagogen Karl und Henriette Breymann, die nach ganz neuen Grundsätzen geleitet wurde. Henriette war eine überzeugte Anhängerin von Pestalozzi und Fröbel. Sie betrachtete ihre Schüler wie jüngere Geschwister, die sie unbefangen duzen durften und mit all ihren Problemen bei ihr Verständnis fanden.

Eugenie war hier sehr gerne gewesen; sie brauchte eine ganze Weile, um sich in den Lichtenthaler Familienkreis einzuleben. Dann aber genoß sie das Zusammensein mit ihren Geschwistern und der Mutter.

Wie ihre großen Schwestern erhielt sie nun auch bei Clara Klavierunterricht. Eugenie verdanken wir eingehende Schilderungen dieser Studien. Sie begannen stets mit Tonleitern und Etüden, dann folgte ein Werk von Bach, etwa eine Fuge. »An dem Thema lernte ich streng gebundenes Spiel und feinste rhythmische Schattierung. Meine Mutter gab sich mit diesen wenigen Takten unsägliche Mühe; als ich sie dann aber zu ihrer Zufriedenheit ausführte, war die ganze Fuge gewonnenes Spiel... Beethoven bildete den Mittelpunkt jeder Stunde. Nicht die kleinste Ungenauigkeit wurde geduldet – größte Ehrerbietung vor dem, was da stand, verlangt.«

Den Abschluß bildeten Werke Robert Schumanns, zunächst Stücke aus seinem ›Jugendalbum‹, das er seinerzeit für Marie und Elise geschrieben hatte. Clara erzählte Eugenie, wie sich alles, was er sah und erlebte, in Musik umgesetzt habe. »Wenn er Euch spielen sah, so wurden aus den Spielen kleine Musikstücke. Während er an der ›Humoreske‹ schrieb, kamen eines Tages Seiltänzer in die Straße, in der wir wohnten, und die Musik, die sie machten, stahl sich in das Werk hinein. Es war dies aber ein völlig unbewußter Vorgang im Komponisten, von irgendeiner Absicht konnte da nie die Rede sein. Die Titel zu den Stücken erfand der Papa erst, wenn sie fertig waren. Sie sind sehr zutreffend und können wohl das Verständnis erleichtern – nötig sind sie nicht.«

Auch über Claras eigene Art zu üben, hat Eugenie sich geäußert. »Das Wunderbare an diesem Üben war, daß es, obgleich ihm immer derselbe Plan zugrunde lag, doch jeden Tag neu, wie aus geheimen Quellen geschöpft, erschien. Hinreißender Schwung, vollendeter Rhythmus, höchste technische Meisterschaft strömten in diesen Übungen zusammen und schufen daraus ein wunderbar vergeistigtes Kunstgebilde... Meist übte sie eine Stunde bald nach dem Frühstück, dann wieder nachmittags, wenn es anfing zu dunkeln, und da war es, wo sich ihr ganzes Innere rückhaltlos erschloß. Mama

Eugenie, Bleistiftzeichnung von R. Lehmann

Johannes Brahms 1866

erzählte uns oft aus ihrer Kindheit und aus den Zeiten ihrer frühen Liebe. Von den schweren Jahren jedoch, die dem Tode unseres Vaters vorausgingen und ihm folgten, sprach sie fast nie. In diesen schwermütigen Ergüssen der Dämmerstunde aber, da offenbarte sich, was sie an Menschenleid durchgemacht, aber auch, wie sie überwunden hatte.«

Nur zwei Sommer hindurch konnte Elise, die zweitälteste, ungebunden am Baden-Badener Zusammenleben teilnehmen. Im Herbst 1865 ließ sie sich als Musiklehrerin in Frankfurt a. M. nieder. Sie war erst 21 Jahre alt, hatte aber von früh an ein ausgeprägtes Streben nach Selbständigkeit gezeigt. Clara unterstützte sie darin. Bei einem Konzert mit Joseph Joachim wollte sie ihre Tochter dem Frankfurter Musikpublikum vorstellen. Sie spielte mit Elise Werke von Schumann und Brahms für zwei Klaviere, mit Joachim die ›Kreutzer-Sonate‹. Clara war an diesem Abend weich und glücklich gestimmt; das Konzert verlief »sehr brillant«, wie sie zufrieden feststellte. Als Joseph Joachim Elise hinterher im Künstlerzimmer fragte, ob es nicht schön gewesen sei, mit der Mutter zusammen aufzutreten, antwortete Elise zu seiner Verblüffung: »Einmal und nicht wieder!«

Ferdinand, Claras zweitältester Sohn, hatte die Schule ohne Schwierigkeiten durchlaufen, erhielt mehrmals Prämien und trat als Siebzehnjähriger auf eigenen Wunsch in eine Banklehre ein; hauptsächlich wohl aus Verantwortungsgefühl, um die Mutter bald entlasten zu können.

Baden-Baden war damals ein Treffpunkt für »die Welt, in der man sich langweilt«. Vor allem die Spielbank zog mondäne Gäste aus allen Himmelsrichtungen an; viele Jahre hindurch war es Mode, vornehmlich für den französischen, englischen und russischen Adel, einen Teil des Sommers in Baden-Baden zu verbringen. Auch Angehörige deutscher Hofkreise gehörten zu den alljährlichen Besuchern. Die Finanzen des Städtchens florierten, es gab schöne gärtnerische Anlagen, elegante Hotels und ein modernes Kurhaus, in dem ein ausgezeichnetes Orchester und berühmte Solisten konzertierten. Viele der Musiker, die im Laufe der Sommermonate Baden-Baden besuchten, waren natürlich auch Gäste von Clara. In ihrem Musik-

Brahms' Sommerwohnung Lichtenthal 136

zimmer, mit dem schönen Blick auf die eilig fließende Oos, wurde häufig musiziert, meist vor Sachverständigen oder musikinteressierten Freunden.

Zu denen der Jugendzeit gesellten sich Freunde der Dresdener und Düsseldorfer Jahre, in erster Linie natürlich Brahms. Er bewohnte von 1865 bis 1875 ein hübsches Privatquartier in Claras Nähe, Lichtenthal 136. Stolz bezeichnete er den Blick aus seinen Fenstern als »unübertrefflich«. In Claras Häuschen waren auch Joseph Joachim, der Sänger Julius Stockhausen, das Florentiner Streichquartett, der Pianist Rubinstein, der Geiger Wilhelm Ernst und, sehr häufig, der Karlsruher Kapellmeister Hermann Levi zu Gast. Er war ein Musiker von starkem Temperament, hochintelligent und von einer Begeisterungsfähigkeit, die er auf alle Mitwirkenden zu übertragen wußte. Er hat in Karlsruhe unter anderm Schumanns Oper ›Genoveva‹ und zahlreiche Werke von Brahms zur Aufführung gebracht. Clara verehrte er aufrichtig und nahm an allen Ereignissen im Schumannschen Hause Anteil.

Erst seine begeisterte Hinwendung zu Richard Wagner legte eine gewisse Distanz zwischen ihn und Clara. Wir können uns heute nur schwer vorstellen, welchen Raum die Auseinandersetzungen über Wagners Gesamtkunstwerk in jenen Jahren einnahmen und mit welcher Leidenschaft sie durchgeführt wurden. Die Anhänger von Brahms betrachteten ihn als Wagners Gegenspieler; er selber hielt, wie dieser ihm gegenüber, höflich-respektvollen Abstand. Clara versuchte wiederholt, sich mit den Musikdramen auseinanderzusetzen. Sie besuchte ›Rheingold‹ und ›Walküre‹ mehrmals, bemühte sich, die Musik genau zu beachten und fand »einige schön klingende Perioden, aber auch viele Anklänge an Mendelssohn – Schumann – Marschner«, wie sie im Tagebuch schrieb.

Eugenie umriß den Standpunkt ihrer Mutter so: »Über Wagners sonstige Bedeutung maße sie sich kein Urteil an, aber ein Musiker in ihrem Sinne des Wortes, dem die Musik Selbstzweck sein müßte, sei er nicht. Er brauchte sie als Mittel zum Zweck, zur Erreichung besonderer, oft rein äußerlicher Wirkungen und gebe ihr dadurch eine untergeordnete Stellung.«

Clara hatte schon in jungen Jahren mit wachsendem Verständnis Theateraufführungen, vor allem des Wiener Burgtheaters, besucht. In Baden-Baden versäumte sie kein interessantes Gastspiel, namentlich der Karlsruher Oper, die dort häufig unter Hermann Levi spielte. Und von besonderem Reiz waren die Abende, die bei Pauline Viardot-Garcia, Claras Kinderfreundin, stattfanden. Sie lebte mit ihrem aus Frankreich verbannten Mann auf dem Fremersberg in Baden-Baden, hatte einen großen Kreis internationaler Gesangschüler um sich versammelt und veranstaltete in ihrem kleinen Privattheaterchen vielbewunderte Aufführungen.

Täglicher Gast und ihr ganz besonderer Verehrer war der russische Dichter Turgenjew, der den Viardots gegenüber wohnte. Er nahm an Paulines Veranstaltungen regen Anteil und schrieb Texte zu ihren Operetten, die sie mit den begabten Kindern und einigen Schülern zur Darstellung brachte. In der Operette ›L'Ogre‹ spielte Turgenjew die Titelrolle, während Madame Viardot am Klavier saß und die Vorstellung leitete. Einmal hat auch Brahms die Direktion übernommen: er versäumte deshalb sogar die Uraufführung seiner ›Liebeslieder-Walzer‹ in Karlsruhe. Besonders faszinierend waren Paulines eigene Gesangsdarbietungen. Eugenie berichtet, wie sie einmal ein Duett mit einem Tenor beendete:

»Sie trillerte und trillerte, alles hielt den Atem an, der Partner betrachtete sie staunend von der Seite, dann schob er ihr einen Stuhl hin. Lächelnd trillerte sie weiter. Er zog die Uhr und hielt sie ihr hin – da, unter donnerndem Applaus, kam der Triller mit vollendetem Nachschlag zum Schluß. Stürmisch wurde eine Zugabe verlangt; sie setzte sich ans Klavier und begann eine Mazurka von Chopin, der sie französische Worte untergelegt hatte; und nun kam eine Vorstellung, wie ich sie ähnlich nie wieder gehört noch gesehen habe. Sie sang, sprach, spielte, lächelte die Zuhörer an, so daß ein jeder meinte, sie singe, spreche, spiele und lächle nur für ihn ... Sie sang sich selbst, brachte ihre eigene Persönlichkeit vollkommen zum Ausdruck. Sie war Südländerin vom Scheitel bis zur Sohle.«

Es spricht für beide, Pauline wie Clara, daß sie sich trotz der

Die Sängerin Pauline Viardot-Garcia

größten Verschiedenheit des Wesens wie der Begabung gegenseitig aufrichtig schätzten und bewunderten.

Wie Johannes Brahms den Schumannschen Kindern in den Baden-Badener Jahren erschien, erfahren wir ebenfalls von Eugenie. »Über Brahms dachten wir nicht viel nach; er war eben da, war immer da gewesen, solange wir denken konnten, und würde immer da sein, er gehörte eben dazu ... Gesellige Formen achtete er gering, aber da ihm seine Ungewandtheit im Verkehr gelegentlich doch zu drückendem Bewußtsein kam, lag in jüngeren Jahren meist eine leichte Verlegenheit über sein Wesen ausgebreitet, die sich hinter Derbheit zu verstecken suchte. Er kam und ging, wie es ihm gefiel, der Tisch war stets für ihn gedeckt; er kam in jeder Stimmung, in guter und in böser, brachte gute und böse Stunden.«

Manchmal entstanden dadurch komische Situationen. So hatte sich Brahms einmal bei Clara beschwert, ihre Kinder wären nicht nett zu ihm. Als er das nächste Mal erschien, drängten sie ihn in eine Ecke, stellten sich vor ihn hin und sagten: »So, Herr Brahms, nun lassen wir Sie nicht heraus, bis Sie uns sagen, was Sie gegen uns haben; Sie haben sich bei Mama über uns beschwert!« Eugenie berichtet weiter: »Da machte er ein Gesicht wie ein lieber gescholtener Schuljunge; er steckte beide Hände in die Taschen, trat verlegen von einem Bein auf das andere, suchte nach Worten und stammelte endlich: ›Ach, es ist ja nur, weil ich so ein Esel bin.‹ Mehr konnten wir doch wirklich nicht erwarten, es wurde uns ganz weich ums Herz und versöhnt ließen wir ihn aus seiner Ecke heraus.«

Schwerwiegender waren die Verstimmungen zwischen Brahms und Clara. Zuweilen trübten sie monatelang die Harmonie zwischen ihnen. Einmal war der Anlaß eine von Brahms gutgemeinte, doch höchst ungeschickte Mahnung, Clara solle ihre Konzertreisen nur noch durchführen, wenn sie es nötig habe, in dieser Weise Geld zu verdienen. Sein Brief erreicht sie ausgerechnet am Beginn einer anstrengenden Englandreise! »Das war unüberlegt von Dir – mehr will ich nicht sagen«, schrieb sie knapp zurück.

Erst in der Baden-Badener Sommerpause fand sie zur alten Herzlichkeit zurück und ließ ihren Brief in folgende Überlegungen ausklingen: »Eigentümlich erscheint mir Deine Anschauung des Konzertreisens! Du betrachtest es nur als Verdienstmöglichkeit, ich nicht; ich fühle mich berufen zur Reproduktion schöner Werke, vor allem auch der Roberts, so lange ich die Kraft habe und würde auch, ohne daß ich es unbedingt nötig hätte, reisen, nur nicht in so anstrengender Weise, wie ich es oft muß.«

Spürbar erleichtert dankte Brahms. »Es ist eine tolle Polyphonie im Leben, und manchmal kann doch eine so gute Frau wie Du eine herrlich sanfte Auflösung fertig bringen.«

Als Brahms 1866 nach Baden-Baden gekommen war, hatte er Clara durch einen Bart aufs höchste entsetzt. »Die Feinheit seines Gesichts ist ganz verloren dadurch«, stellte sie betrübt fest. Er brachte ihr Teile eines neuen Werkes mit, aus dem er vorspielte: es war ›Ein Deutsches Requiem‹. Auch dem Freundeskreis und Claras Kindern wurde das Werk eines Nachmittags am Flügel mitgeteilt.

Am 10. April 1868 fand die Bremer Uraufführung statt. Sie hatte den Charakter eines Musikfestes. Fast alle Freunde, viele bekannte Musiker waren angereist: Julius Stockhausen, Max Bruch, Joseph Joachim, auch der Musikverleger Rieter aus der Schweiz. Unter den Zuhörern befand sich auch der Vater von Johannes.

»Mich hat dieses Requiem ergriffen, wie noch nie eine Kirchenmusik«, schrieb Clara im Tagebuch. »Ich mußte immer, wie ich Johannes so da stehen sah mit dem Stab in der Hand, an meines teuren Robert Prophezeiung denken – laßt den nur mal erst den Zauberstab ergreifen, und mit Orchester und Chor wirken – welche sich heute erfüllte. Der Stab wurde wirklich zum Zauberstab und bezwang alle, sogar seine entschiedensten Feinde.«

Der Baden-Badener Sommer 1870 begann für Clara mit sehr schmerzlichen Überlegungen. Ludwig war von dem Leiter einer Anstalt in Pirna für unheilbar rückenmarkskrank erklärt worden. »Ich möchte so gern an ihn schreiben aber wie und was? Mir blutet das Herz wie nie seit der Zeit, wo ich das alles mit meinem armen Robert durchmachte! Ich glaubte mich etwas abgestumpfter durch die Jahre und bin nun ganz überwältigt.«

Bei der Heimfahrt von einem Konzert in Kreuznach geriet Clara

Mitte Juli in den Kriegsausbruch. Sie brauchte sechs Stunden, um von Heidelberg nach Baden-Baden zu kommen. In ihrem Häuschen angelangt, versteckte sie die wertvollsten Sachen im Keller, denn es hieß, die Algerier sollten »wie die wilden Tiere« sein. Sehr beunruhigte sie, daß ausgerechnet in dieser Zeit jeder männliche Schutz fehlte; Brahms, der ursprünglich hatte kommen wollen, sagte ab, da die Eisenbahnverbindung nach Baden-Baden unterbrochen war.

»Hier ist es wie ausgestorben«, steht in Claras Tagebuch, »alle Fremden sind fort... Ein Glück ist es, daß die Kinder immer lustig sind...«

An Rosalie Leser schrieb sie am 25. August: »Gestern Abend 8 Uhr fing die Beschießung Straßburgs an und dauerte die ganze Nacht, wir hörten es, und da mußte man sich ins Bett legen, während draußen wieder ein neues Blutbad begann. Jeder neue Sieg bringt bei der Freude so viel Schmerz auch, daß einem das Weinen näher steht als Jubeln.«

Eine große persönliche Sorge hatte der Kriegsausbruch für Clara gebracht: Ferdinand war eingezogen worden und sollte nach nur kurzer Ausbildung ins Feld kommen. Clara schrieb nach der entscheidenden Schlacht bei Sedan an Joachim: »Ich habe viel gelitten in dieser ganzen Zeit, und noch immer ist mein ganzes Herz umfaßt von all dem Wehe, das dieser schreckliche Krieg so vielen bringt, jetzt nun noch dazu die armen Vertriebenen, an die man nicht denken kann, ohne daß einem das Herz blutet.«

Während Brahms sich als Patriot fühlte und dieser Gesinnung in seinem ›Triumphlied‹ Ausdruck gab, das er »dem deutschen Kaiser Wilhelm I. verehrungsvoll zueignete«, überwog bei Clara das menschliche Mitgefühl mit allen Leidenden.

Auch 1871 war Clara wieder einer Einladung nach London gefolgt, dieses Mal von Marie und Eugenie begleitet. Alle drei wohnten bei aufrichtigen Verehrern Claras, erlebten die großzügige, nie protzige englische Gastlichkeit und wurden überwältigt von den Ovationen, die das Londoner Publikum der Künstlerin bereitete. Das war hoch zu veranschlagen, weil die politische Stimmung der Briten sich eher franzosen- als deutschfreundlich auswirkte.

Das Jahr 1872 verlief in ähnlichem Rhythmus. Zu Claras Freude konnte dieses Mal Felix, nach glänzend bestandenem Abitur, drei Wochen mit ihr bei den englischen Freunden wohnen. Sein Jurastudium sollte, wie das seines Vaters, in Heidelberg vor sich gehen. Darauf freute er sich. Auch seine ersten dichterischen Versuche berechtigten zu Hoffnungen.

In London war Clara besonders glücklich über die begeisterte Aufnahme, die Brahms' ›A-Dur Quartett‹ fand; sie berichtete ihm darüber.

Ein »unglaubliches Konzert« erlebte Clara auf Einladung der Queen im Buckingham Palast. »700 Personen waren geladen, etwa 100 Personen waren im Saale und zwar zum größten Teil hinter leeren Stühlen stehend ... Die Königin begrüßte uns gar nicht, saß halb in das Zimmer gekehrt, sprach unausgesetzt, hörte nur immer die letzten Takte von jedem Stück und applaudierte dann ein wenig ... Das Unglaublichste geschah nach dem ersten Teil: die Königin stand auf, um Tee zu nehmen und als Zwischenmusik ertönte erst ein Potpourri der kgl. Bande und dann legten zwei Backpipers los, diese in schottischen Kostümen! ... Ich begriff erst gar nicht, was es war, bis Madame Neruda mir erzählte, daß diese Musik der Königin Lieblingsmusik sei! ... Als alles vorüber war, sagte sie uns kein Wort des Dankes – nun mich sieht diese Königin nicht wieder bei sich, so viel weiß ich!« Die unmusikalische Königin war die Queen Victoria.

In Baden-Baden erwartete Clara in diesem Sommer Julie mit Mann und Söhnchen. Es wurde ein erschütterndes Wiedersehen. Julie kam als Todkranke nach Lichtenthal, sie litt an Lungentuberkulose, einer damals noch unheilbaren Krankheit. Claras Sorgen vor fünf Jahren waren berechtigt gewesen. »Wir sahen ihre Leiden sich steigern von Tag zu Tag und konnten nichts tun, kein Arzt konnte ihr helfen ... Julie drängte fort nach Paris zu Frau Schlumberger, die ihr versprochen hatte, mit ihr nach dem Süden zu gehen – dort hoffte sie Linderung oder Erlösung zu finden.«

Julie erreichte den Süden nicht mehr. Sie starb am 10. November 1872 in Paris, erst 27 Jahre alt. Clara erhielt die Nachricht kurz vor

Julie 1868

einem Auftreten mit Amalie Joachim in Heidelberg. »Das Konzert war nicht ohne große Verlegenheit abzuändern. Kurz, ich spielte. Niemand – auch Frau Joachim nicht – wußte davon.«

In ihrem Schmerz um Julie wurde Clara die Verbundenheit mit den Kindern, das Mitgefühl der Freunde tröstliche Wirklichkeit. Sie war ein empfindsamer, leicht verletzlicher, oft leidenschaftlich bewegter Mensch; aber sie war, auch in bittersten Stunden, nie ganz allein. Das mag Brahms bewußt geworden sein, als er ihr in diesem Jahr einmal einen Brief schrieb, der seine eigene Vereinsamung ebenso erkennen läßt, wie sein unvermindert starkes Gefühl für Clara.

Meine geliebte Clara,
Feste verlebe ich immer recht einsam, ganz allein mit wenigen Teuren auf meinem Zimmer und sehr ruhig – wasmaßen die wenigen ja tot oder fern sind. Wie wohl ist mir dann, wenn ich wollüstig empfinde, wie die Liebe eine Menschenbrust ausfüllt. Ich bin ja abhängig von der Außenwelt; der Wirrwarr, in dem man lebt, – ich lache nicht dazu, ich lüge nicht mit – aber es ist, als ob das Beste sich verschließen könnte und nur der halbe Mensch noch träumend fortginge.

Wie glücklich bist Du oder sage ich wie schön, wie gut, wie recht. Ich meine, Du trägst Dein Herz als viel sicheren Besitz – wir müssen es alle Augenblick verstecken. Du siehst alles so warm und so schön ruhig – so recht aus Dir heraus an, und gibst denn auch ruhig jedem was ihm gebührt. Das klingt alles so dumm, und ich kanns auch nicht sagen, höchstens noch dümmer von Lilien und Engeln reden – und dann auf Dich und Dein Gemüt kommen.

Etappen der Reife

Schon längere Zeit war Clara mit dem Gedanken umgegangen, wieder eine ständige Wohnung in einer Großstadt zu nehmen, um die Kinder während der Pausen zwischen ihren Konzertreisen um sich haben zu können. Die Sehnsucht nach einer geordneten Häuslichkeit, nach besinnlichen Stunden im Familienkreise und »gemütlichem Musizieren« zieht sich durch ihr ganzes Leben. Wahrscheinlich, weil sie häusliche Geborgenheit als Kind nie kennengelernt hatte. Während der Pariser Zeit schrieb sie einmal an Robert, sie habe das Gefühl der Fremdheit in ihrem Elternhaus nie verloren; alles hätte sie von ihrem eigenen Geld kaufen müssen, nicht eine Stecknadel von der Stiefmutter bekommen. »Du hast ja Geld«, hieß es immer. Die wenigen Worte beleuchteten ihre Situation deutlich genug. Die hohen Ansprüche, die dann ein Leben lang an ihr Können, ihre seelische Kraft und Geduld gestellt wurden, ließen sie zu sorgloser Entspannung kaum noch fähig sein. »Ich halte die Ruhe nicht lange aus, da verfalle ich in eine Melancholie, die schrecklich ist«, schrieb sie einmal ihrer Freundin Emilie List.

1873 beschäftigte sie ernsthaft die Frage, wo sie eine geeignete Basis für die künftigen Jahre finden könne. Sie dachte an Düsseldorf, weil hier Rosalie Leser und die ihr eng verbundenen Bendemanns lebten; auch an Wien. Die musikalische Atmosphäre dieser Stadt lockte sie, auch ein großer Freundeskreis mit Brahms als Mittelpunkt. Wenn sie schließlich zum zweitenmal Berlin wählte, so mochte für diesen Entschluß vor allem Joachims leitende Position an der 1869 gegründeten Hochschule für Musik entscheidend sein. Durch ihn hatte das bis dahin recht durchschnittliche Musikleben der jungen Reichshauptstadt neue Impulse empfangen. Joseph Joachim wirkte nicht nur als starke Solistenpersönlichkeit; er war der geborene Pädagoge. Die Joachimsche Schule des Violinspiels gewann durch zahlreiche begabte Schüler sehr bald internationale Geltung. Auch entwickelte er das Quartett, – das Kammermusikspiel zu höchster Kunst. Das Joachimquartett ist das erste in Deutschland gewesen, das über Jahrzehnte hinweg diese Kultur pflegte und einem großen internationalen Publikum die Werke des späten Beethoven, der Romantiker sowie von Johannes Brahms nahebrachte. Es ist verständlich, daß sein Wirken die Anziehungskraft Berlins für Clara beträchtlich erhöhte. Schließlich wurde ihr eine hübsche geeignete Wohnung In den Zelten 11 angeboten. Wenige Häuser weiter hatte einst Bettina von Arnim gelebt, der Tiergarten lag vor der Haustür. Sie entschloß sich zu mieten, zögerte aber doch noch, ihr Häuschen in Baden-Baden zu verkaufen.

Der August 1873 führte die ganze Familie Schumann und viele gute Freunde zu einem dreitägigen Schumannfest nach Bonn. Die Einnahmen der Veranstaltungen waren für die Errichtung eines Schumann-Denkmals bestimmt. Joachim und der Bonner Musikdirektor Wasielewski dirigierten abwechselnd; Schumanns bedeutendste Werke standen auf den Programmen: ›Manfred- und Faust-Ouvertüre‹, ›Das Paradies und die Peri‹, die ›d-Moll-Symphonie‹, das ›Nachtlied‹ und, als Krönung des zweiten Tages, Schumanns für Clara geschriebenes ›Klavierkonzert‹. Die nun 22jährige Eugenie berichtete über den zweiten Abend, der mit der ›Manfred-Ouvertüre‹ begonnen hatte:

»Dann kam Mama. Ich kann Ihnen mit Worten diesen Augenblick nicht schildern. Das ganze Publikum stand, klatschte, schrie, ein lauter Tusch wurde geblasen, und auf einmal steht Joachim an seinem Pult und wedelt mit dem Taschentuch durch die Lüfte. Er sah ganz verzückt aus und ganz rührend kindlich und schön ... Endlich konnte Mama sich setzen; sie sah nie so schön aus. Wie ein junges Mädchen, eine Braut, ein Kind. Das Kleid war prachtvoll und wurde durch eine Rose im Haar gehoben ... Brahms selbst sagte, so schön hätte er das Konzert nie gehört. Beim Schluß brach abermals ein riesiger Beifallssturm los ... Ich kann Ihnen nicht sagen, wie glücklich wir sind, daß wir so etwas erlebt haben.«

Der Reingewinn der Veranstaltung betrug 4000 Taler, so daß der Bildhauer Donndorf mit Entwurf und Ausführung des Schumann-Denkmals beauftragt werden konnte. Anschließend begleitete Johannes die Kinder noch nach Lichtenthal; er brachte neue Kompositionen mit. »Zwei Streichquartette, die mir von höchster Bedeutung scheinen«, schreibt Clara an Joachim, »einige wundervolle Lieder und die ›Haydn-Variationen‹, die Sie kennen, die ich sehr schön finde. Er war auch sonst liebenswürdig, was die Tage behaglich machte.«

Im September veranstalteten Claras Kinder eine häusliche Aufführung von Körners ›Nachtwächter‹. »Sie spielten alle überraschend hübsch, und Felix hatte einen allerliebsten Prolog gemacht, den er selbst vortrug. Eugenie machte den alten Nachtwächter – das war sehr zum Erheitern, auch Marie als schüchterner verliebter Student! Ich möchte, ich hätte die heitere Stimmung dieses Abends festhalten können, aber es ging nicht, ich fühlte mich sehr angegriffen und immer voll trüber Gedanken.«

Schon bei ihrer Rückkehr aus England hatte sie Felix in besorgniserregendem Zustand vorgefunden; er war so asthmatisch, daß er keine Treppe mehr steigen konnte. Am Tage nach der Aufführung erkrankte er an einer Brustfellentzündung und konnte sich wochenlang nicht davon erholen. In dieser Zeit sandte Clara eine Zusammenstellung seiner Verse an Brahms und schrieb dazu: »Sage mir offen, was Du davon denkst – glaube nicht, daß ich als schwache Mutter an ein Genie bei ihm dächte, im Gegenteil, ich habe eine solche Angst vor der Überschätzung der Talente meiner Kinder.«

Im Oktober starb Claras Vater. »Sein Tod war sanft. Er war 88 Jahre alt und hatte noch bis zum letzten Augenblick Freude an der Natur und der Kunst... Ich war aufs Tiefste erschüttert – mit ihm entschwand mir der letzte Anhalt meiner Jugend.« Es ist, als ob angesichts des Todes alle Schmerzen, die Friedrich Wieck seiner Clara jahrelang so erbarmungslos zugefügt hatte, in nichts zerstoben seien.

Am 9. November zog Clara in die neue Berliner Wohnung ein, am 11. mußte sie wieder auf eine Konzertreise gehen. Sie spielte am 3. Dezember das ›d-Moll-Konzert‹ von Brahms zum erstenmal im Leipziger Gewandhaus, wo es bei der ersten Aufführung so völlig durchgefallen war. »Genußreiche Stunden«, berichtet sie Johannes, »habe ich durch Dein Konzert gehabt, ich kann sagen glückliche. Es

Felix Schumann 1872

ist gar zu schön und es ist mir in Leipzig sehr gelungen ... Das Publikum verhielt sich respektvoll, sie riefen mich, die Musiker aber und Musikfreunde, deren eine Masse war, kamen alle und dankten mir, daß ich ihnen dieses herrliche Werk vorgeführt, und das machte mir denn doch große Freude.«

Nach den Eindrücken der Leipziger Tage fühlte sich Clara in Berlin künstlerisch recht unbefriedigt. »Hier hört man außer Joachims Quartett nichts! Das Theater ist ganz mittelmäßig, die Singakademie zopfig, die Symphonien über die Begriffe langweilig und so weiter.«

Weihnachten sandte ihr Brahms die Komposition eines Gedichtes von Felix: ›Meine Liebe ist grün wie der Fliederbusch‹. Es ist eines seiner bekanntesten Lieder geworden. Dazu schrieb er: »Liebe Clara, die Verse sind mir wirklich heute früh in die Hände und in den Kopf gefallen. Wahrscheinlich, weil ich mich ärgerte, nie für ein Fest denken und besorgen zu können. Für die Schwestern kann es ja wohl eine kleine Festgabe sein, denn sie werden doch auch gern die Verse des Bruders singen wollen?«

Clara dankte gerührt. »Das Lied war eine liebe Überraschung und ganz besonders noch für Felix, dem wir nichts gesagt hatten, und abends als Joachim kam, zeigte ich es diesem, wir fingen an zu spielen, da kam Felix und frug, was für Worte es seien und wurde ganz blaß, als er seine eigenen sah. Und wie schön ist das Lied und das Nachspiel – das allein könnte ich mir schon immer spielen.«

Der Zeitraum vom Ende des Jahres 1873 bis Frühjahr 1875 war für Clara sehr hart. Eine Entzündung an der Hand, von verschiedenen Ärzten verschieden beurteilt und behandelt, verursachte quälende Schmerzen und hinderte sie fast anderthalb Jahre lang am Auftreten. Felix' Lungenleiden hatte sich weiter verschlechtert; er mußte für längere Zeit in den Süden geschickt werden. Clara hatte alle Konzerte, auch die meist sehr ergiebige England-Tournee, absagen müssen. Und das Lichtenthaler Häuschen war noch immer nicht verkauft. Kein Wunder, daß sie sich Sorgen um die Zukunft machte.

Im Januar 1875 fuhr sie mit Marie zu Prof. Esmarch nach Kiel. Er verordnete Massage und Duschen. Zwar verringerten sich die

Schmerzen dadurch nicht wesentlich, doch dieser verständnisvolle Arzt verordnete ihr energisch zu spielen. »Es war wie eine moralische Kur.« Nach langer Pause gab sie im März 1875 ihr erstes Konzert in Kiel und wirkte auch beim ersten Schleswig-Holsteinischen Musikfest mit. »Sie hatten einen ganz anderen Gesichtsausdruck«, schrieb ihr Levi danach, »es schien als ob alles Trübe, was Ihnen ein feindliches Geschick fort und fort zuträgt, in weite Ferne zurückgetreten wäre; eine Verklärung, eine Herzensheiterkeit lag auf Ihren Zügen und teilte sich Ihrer Umgebung mit.«

Im Juni erfüllte sie einen Wunsch von Ludwig. Er hatte ihr »vernünftig und ebenso sonderbar wie früher« geschrieben, daß er sie gerne sehen wolle. Sie besuchte ihn in der Anstalt und schrieb danach ins Tagebuch: »Er freute sich außerordentlich, mich zu sehen, umarmte mich ganz krampfhaft und bat, ihn mit fortzunehmen, da er ganz gesund sei. Welche Qual, ihm nun sagen zu müssen, daß das nicht anginge... Es war mir zu furchtbar alles! Mein Kind, wie in einem Gefängnis zu sehen, sein flehender Blick, als ich ging – ich vergesse es nie!«

Im März 1876 konnte Clara zum erstenmal wieder nach London reisen. Der künstlerische Erfolg war überwältigend; Clara glaubte, nie eine herzlichere Aufnahme gefunden zu haben. Besonders froh stimmte es sie, daß Brahms' ›f-Moll-Quintett‹ mit großem Verständnis aufgenommen wurde. Sie spielte es mit Joachim und seinen Quartettgenossen. »Mit jedem Satz steigerte sich der Enthusiasmus und nach dem Schluß wurden wir unter Hurra-Geschrei gerufen. Daß wir nicht wenig begeistert gespielt, kannst Du dir denken! Ich dachte, weiß ich gleich, daß Du nicht viel Freude hast, Deine Sachen von andern zu hören, Du hättest doch ein Behagen empfunden«, schrieb Clara an Johannes.

Die Eindrücke und Erfolge ihrer Englandreisen haben Clara schon vom Jahre 1865 an neuen Auftrieb und starke Selbstbestätigung geschenkt. Damals erzielte sie mit Beethovens ›Es-Dur-Konzert‹ in der Musical Society durchschlagenden Erfolg. Ihr Ansehen wuchs mit jedem Auftreten. Man begrüßte sie in London stets »wie einen Liebling«, und sie gewann auch persönlich im Laufe der Zeit eine ganze Reihe guter Freunde. Joseph Joachim, ebenfalls in England hoch angesehen, auch als Kammermusikspieler, war oft ihr musikalischer Partner. Eine wichtige Rolle spielte damals Chappel, der Begründer der Popular Concerts, in denen Clara oft auftrat. Über ihn schrieb sie gelegentlich des 1000. Popular-Konzertes in ihr Tagebuch: »Er hatte oft unter Kämpfen und Risiko die Konzerte aufrecht erhalten, dem Publikum immer das Beste geboten und somit um die ganze musikalische Bildung großen Verdienst.«

Einer der ersten Konzert-Agenten war John Ella, ein ehemaliger Geiger, der schon 1845 Kammermusikabende in London arrangierte. Clara nennt ihn zwar »eine lächerliche Figur«, doch scheint er ein geschickter und passionierter Manager gewesen zu sein. So gab er zum Beispiel Programme mit Einführungen in die Werke heraus, etwas damals ganz Neues. Als Clara mit Schumanns ›Nachtstück‹ großen Erfolg hatte, ließ er das Stück in vielen Exemplaren drucken und die Noten im Publikum verteilen.

»Ich mußte es wieder spielen und wiederholen. Der Mensch hat eine Industrie, die ins Unglaubliche geht, so hatte er auch meine Photographie in einem Rahmen auf dem Podium aufgestellt und ließ sie unter den Damen, die zunächst saßen, herumgehen. Gegen mich ergießt er sich fortwährend in zärtlichen Billetchen …«

Trotz ihres inneren Widerstrebens gegen diese Art der Reklame hatte sie eingesehen: »Es geht jetzt hier gar nicht mehr anders, als daß man sich einem Agenten in die Hände gibt, wenn man nämlich wirklich verdienen will.«

Schon während ihrer Londoner Reise im Jahre 1882 nahm Clara in neun Konzerten 10000 Mark ein, eine Summe, von der sie mit der Familie monatelang leben konnte. Ihre größte Freude war, daß hier, wie auch in anderen musikalischen Metropolen, Schumanns Werke jetzt vollstes Verständnis fanden und bereits zum Repertoire gehörten. Kammermusik und Klavierwerke von Brahms spielte Clara ebenfalls häufig in England, so daß sie dem Publikum vertraut und lieb wurden. Am Ende einer Tournee notierte sie einmal:

»Mir fiel heute wieder einmal auf, wie feinsinnig hier so viele Menschen sich gegen mich über meine Kunst äußern, was mir

z. B. in Frankfurt selten genug passiert. Die Engländer haben eine merkwürdig lebendige Empfindungsweise, es scheint, daß das steife Formenwesen im allgemeinen ihr Empfinden in ihr Innerstes zurückdrängt, und, lassen sie sich einmal gehen, dann bricht alles Gefühl mit viel größerer Lebendigkeit hervor, als es bei uns Deutschen der Fall ist. Die große Empfänglichkeit hier berührt einen so angenehm, regt so an, daß man oft fast über seine Kräfte leistet.«

1876 besuchte Clara, nach längerem Schweizer Erholungsaufenthalt, im September Baden-Baden, wo sie dieses Mal bei ihrer ehemaligen Nachbarin wohnte. Auch Brahms befand sich dort; er hatte gerade seine ›1. Symphonie‹ vollendet. Der Keim zu diesem Werk stammte aus seiner »Wertherzeit«, den Jahren der Liebe zu Clara. Eine thematische Erinnerung an Schumanns ›Manfred-Ouvertüre‹ verdeutlicht diesen Zusammenhang auch musikalisch. In langer künstlerischer Entwicklung hatte Brahms in diesem Werk zu jener Dichte der thematischen Arbeit, jener Konzentration und Formstrenge gefunden, die seinen sinfonischen Stil auszeichnet. Als er Clara die Ecksätze des neuen Werkes am Klavier vorspielte, fand sie beide zwar großartig, schwungvoll und geistreich, sie schienen ihr aber melodisch nicht reich genug. Auch die ersten Aufführungen in Karlsruhe, Mannheim und München brachten keine starken Erfolge. Es brauchte Jahre, bis die Orchestersprache von Brahms verstanden wurde.

1877 konzertierte Clara wieder in Holland und England und suchte danach Kiel zur Kur auf. Hier wurde sie von Brahms mit einer Klavierbearbeitung der Bachschen ›Chaconne‹, und zwar für die linke Hand, überrascht. Er schrieb ihr: »Die ›Chaconne‹ ist mir eines der wunderbarsten, unbegreiflichsten Musikstücke. Auf ein System, für ein kleines Instrument schreibt der Mann eine ganze Welt von tiefsten Gedanken und gewaltigsten Empfindungen ... Nur auf eine Weise, finde ich, schaffe ich mir einen sehr verkleinerten, aber annähernden und ganz reinen Genuß des Werkes – wenn ich es mit der linken Hand allein spiele! Die ähnliche Schwierigkeit, die Art der Technik, das Arpeggieren, alles kommt zusammen, mich – wie einen

Geiger zu fühlen!« Clara dankte beglückt, da sie sich gerade an der rechten Hand, glücklicherweise nur leicht, verletzt hatte.

Der nachfolgende Sommer wurde unruhig. Elise, die zweitälteste Tochter, verlobte sich mit Louis Sommerhoff, der als deutscher Kaufmann in Amerika tätig war, jedoch beabsichtigte, wieder in die Heimat zurückzukehren. Felix mußte auf ärztlichen Rat erneut nach dem Süden geschickt werden. Der Besuch von Brahms in Baden-Baden und vor allem sein Musizieren waren für Clara deshalb besonders tröstlich. Er spielte ihr aus seiner ›2. Symphonie‹ vor, und Clara notierte: »Mit dieser Symphonie wird er auch beim Publikum durchschlagenderen Erfolg haben als mit der ersten, so sehr diese auch die Musiker hinreißt durch ihre Genialität und wunderbare Arbeit.«

Ihre Konzertreisen unterbrach sie im November nur kurz, um Elises Hochzeit beiwohnen zu können. Während sie noch immer unschlüssig war, wohin sie sich von Berlin aus wenden solle, trat gelegentlich eines Frankfurter Konzertes der Komponist Joachim Raff mit der Frage an sie heran, ob sie als Lehrkraft an das neu zu gründende Dr. Hoch'sche Konservatorium kommen wolle. Clara hatte zu Raff ein kühles, unpersönliches Verhältnis und verhielt sich zunächst ablehnend. Doch ihre Freunde, vor allem Brahms, redeten ihr zu, diese günstige Chance nicht vorübergehen zu lassen. Frankfurt war eine geistig lebendige Stadt, und Clara konnte Bedingungen stellen. Sie berichtete Johannes darüber:

»Ich verpflichtete mich zu 1½ Stunden täglich, verlangte vier Monate Urlaub, die Freiheit, im Winter kürzere Reisen zu machen, ohne Urlaub zu nehmen, natürlich unbeschadet der Schüler – die Stunden in meinem Hause, Gehalt 2000 Taler. Findest Du das gut so?«

Auch Claras Wunsch nach einem Assistenten wurde durch die Anstellung von Marie am Konservatorium erfüllt. Wieder einmal mußten Möbel eingepackt, mußte eine neue Wohnung gesucht werden. Sie fand ein hübsches Haus, frei gelegen, in der Myliusstr. 32. Es war hellgrau, im Renaissancestil gehalten, die Zimmer hell und hoch, wie Clara es liebte. Im Mai erfolgte die Übersiedlung, im

Oktober 1878 der endgültige Einzug. Sie war bereits im September in Frankfurt, wohnte noch im Hotel, konnte aber schon in der Myliusstraße üben. Ihre Stimmung war tief traurig. Felix' Zustand hatte sich im Süden so rapide verschlechtert, daß er nicht mehr allein bleiben konnte. Seine Rückkehr nach Deutschland mußte in Etappen erfolgen.

»Wie sah ich ihn wieder – ach, es war herzzerreißend, wie ein alter Mann schlich er und konnte nicht zu Atem kommen, dabei hustete er von Morgens bis Abends.«

Zum drittenmal in ihrem Leben mußte sich Clara mit dem Gedanken vertraut machen, ein geliebtes Kind an den Tod zu verlieren. Zugleich näherte sich der Termin ihres 50jährigen Künstler-Jubiläums und es war »viel Geheimnisvolles« um sie. Das noch

Claras Wohnung Myliusstraße 32 in Frankfurt am Main

junge Konservatorium wollte sie feiern und tat es auf reizende Weise. Joachim Raff holte sie morgens ab, Schülerinnen streuten beim Eintritt in die Schule Blumen auf ihren Weg, ihr Sessel war bekränzt, und Raff hielt eine herzliche Ansprache. Dann spielten Lehrer des Konservatoriums Kompositionen der jungen Clara Wieck. Zu Hause fand sie eine Fülle von Blumen, Telegrammen und Geschenken vor, darunter eine kostbare Uhr von ihren Kindern, in die ein Vers von Felix eingraviert war. Er selber aber konnte an dem festlichen Treiben nicht teilnehmen. Danach folgte Clara einer Einladung der Gewandhaus-Direktion. Das Fest-Konzert bestand ausschließlich aus Werken von Robert Schumann. Clara spielte sein ›a-Moll-Konzert‹ an diesem, wie sie sagte, unvergeßlichen Tag.

»Als ich auftrat, stand das ganze Publikum auf und ein Blumenregen begann, unter dem ich förmlich begraben wurde... Lange währte es, ehe ich mich ans Klavier setzen konnte. Ein paarmal war es, als ob mich das Gefühl der Rührung übermannen wollte, ich zitterte heftig, aber ich bewältigte mich und spielte das Konzert vollkommen ruhig, und herrlich gelang es.«

In Frankfurt empfing Clara wieder die sorgenvolle Atmosphäre um Felix, der sich bis zum Februar 1879 zeitweise noch außerhalb des Bettes aufhielt. Marie war seine ständige Pflegerin geworden, während Clara zu Konzerten in die Schweiz und nach Freiburg reisen mußte. »Merkwürdig war es mir jetzt bei den Konzerten, daß ich so ganz frei und kräftig spielen konnte und doch so traurig war, keinen Augenblick den Kummer vergaß.«

In der Nacht zum 16. Februar 1879 verschied Felix in den Armen seiner Schwester Marie. Sie hatte Clara nicht gerufen, um ihr den Anblick des Todeskampfes zu ersparen. Teilnahmsvolle, erschütterte Briefe kamen von allen Seiten, mit rührender Unbeholfenheit schrieb Brahms. »Ich wünschte dort zu sein, denn so lange ich auch am Papier säße und schriebe – mir wäre doch leichter und wohler, wenn ich stumm bei Euch säße.«

Noch lange Zeit danach erschien Clara alles um sie her, auch ihre Kinder und ihre Freunde, wie in tiefe Wolken gehüllt. Schließlich half ihr die Arbeit. Sie mußte auch einige Privatschüler annehmen.

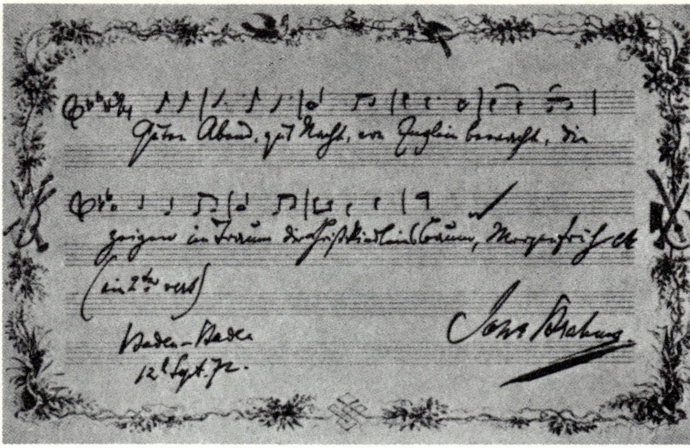

Brahms' Wiegenlied, handschriftlich

Ihr Tag begann morgens vor dem Frühstück mit einem halbstündigen Spaziergang, nach dem Unterricht erledigte sie Besorgungen und Besuche, gab nachmittags wieder Unterricht und hatte von fünf bis halb sechs Sprechstunde für die Schüler.

»Es genügte ihr nicht«, berichtet Eugenie, »den Schülern die ihnen zukommende Zeit zu widmen, sie rein beruflich auszubilden, sondern sie erfaßte in jedem Einzelnen den ganzen Menschen mit seinen besonderen Anlagen und Bedürfnissen und wußte, daß man ihnen Rechnung tragen müsse, wollte man ihn zu einem tüchtigen Musiker und Künstler erziehen. Der arbeitende junge Mensch müsse gut genährt werden, bedürfe der Pflege, der Heranwachsende der Leitung und Stütze, und allgemeine Bildung sei für alle unerläßlich. Und für alle diese Dinge sorgte nun unsere Mutter im Verein mit Marie in allen Fällen, wo es den Eltern der Schüler unmöglich war. Die Mittel dazu wurden ihr von einer Reihe großherziger Frankfurter ... in jährlichen Beiträgen zur Verfügung gestellt und sie konnte sie nach freiem Ermessen den jungen Talenten zugute kommen lassen. Das brachte eine Last von Arbeit und Mühe, aber die Freude des Helfenkönnens entschädigte sie reichlich.«

Die Freundschaft mit Brahms

So verschieden Clara und Robert in Grundzügen ihrer Charakteranlagen gewesen waren, in einer Beziehung hatte es niemals Verständigungsschwierigkeiten zwischen ihnen gegeben: beide waren in hohem Maße freundschaftsfähig. Clara knüpfte schon als halbes Kind Beziehungen an, die sie ihr ganzes Leben hindurch begleitet haben, Robert war von früh an von Freunden umgeben. Das Schumannsche Haus galt daher von Anfang an als ein gastliches Haus. Die Neigung, Erfolge und neue Lebensabschnitte in kleinem Kreise, am liebsten mit einem Schluck Champagner, zu feiern, war beiden gemeinsam.

Als Clara nach Roberts Tod verstärkt zu konzertieren begann, bildeten sich neue Kontakte. Ihr ganzes Leben lang hat sie jeden einzelnen mit großer Zartheit und nie nachlassender Teilnahme gepflegt. Ihrem jüngsten Sohn, der sich deshalb einmal von ihr vernachlässigt glaubte, schrieb sie:

»Was nun meine sonstige, vielfache freundschaftliche Korrespondenz betrifft, über die Du mir neulich schriebst, so mußt Du bedenken, wie viele Menschen ich auf meinen Reisen kennen lerne und lieb gewinne, wie diese mich stets mit Liebe und Wohltaten überschütten, wofür ich ihnen nichts geben kann, als meine Anhänglichkeit, und diese ist allerdings ein Grundzug meines Charakters.« Damit hatte Clara vollständig recht.

An der Spitze der Persönlichkeiten, denen sie Treue bewahrte, stand über vier Jahrzehnte lang Johannes Brahms. Aus der leidenschaftlichen Liebe des jungen Johannes war in einem komplizierten, oft schmerzhaften Entwicklungsprozeß Freundschaft geworden – Freundschaft, soweit Brahms hierzu überhaupt fähig war. Als Clara nach Frankfurt übersiedelte, im Herbst 1878, war sie eine alternde Frau, er 45 Jahre alt und auf dem Gipfel des Erfolges. Jedes neue Werk von ihm fand das höchste Interesse der Fachwelt und eines großen Kreises von Verehrern. Drei Verleger bemühten sich zeitweilig, seine nicht leicht zu befriedigenden Ansprüche zu erfüllen. Sie enthielten meist nicht nur materielle, sondern auch künstlerische Forderungen. Die Honorare von Brahms waren zu diesem Zeitpunkt schon recht hoch. Schumann hatte beispielsweise für seine Symphonien zwischen 120 und 140 Taler erhalten; Brahms wurde bereits die ›1. Symphonie‹ mit 5000 Talern honoriert. Für Schumanns ›Klavierkonzert‹ bezahlte Breitkopf und Härtel 135 Taler, Brahms bekam für sein ›B-Dur-Klavierkonzert‹ 9000 Mark, also 3000 Taler. Für die Liedersammlung ›Myrthen‹ erhielt Schumann 55 Taler, Brahms im Jahre 1875 für ein einziges Lied 450 Mark. Er war eine Berühmtheit geworden.

Doch auch Clara galt, und nicht nur in künstlerischer Beziehung, als Instanz höchsten Ranges. Die jahrelang an sie gestellten Ansprüche hatten sie zu einem sehr selbständigen, bewußt disponierenden und zweifellos autoritären Menschen gemacht. In der männlich bestimmten Weltanschauung von Brahms hatten Frauen solchen Formats im Grunde keinen Platz. Zwar erkannte er Claras künstlerische Leistung, ihre menschliche Bedeutung an, und er trat für sie anderen gegenüber wiederholt in ritterlicher Weise ein. Doch gleichzeitig waren ihm ihre Vorzüge auf schwer zu beschreibende Weise unbehaglich. Etwas Ironie klingt fast immer mit, wenn er ihre große Gewissenhaftigkeit, ihren künstlerischen Ernst, ihr Verantwortungsbewußtsein lobt.

Viele Konflikte zwischen ihnen – kleine, lächerliche und große, schmerzhafte – waren Folgen dieser beiderseitigen Souveränität. Jeder war überzeugt, im Zweifelsfalle recht zu haben. Jeder geneigt, Mißverständliches als Kränkung des eigenen Bereiches anzusehen. Schließlich war es dann wohl immer Clara, die einlenkte, die mit einer großzügigen und liebevollen Geste störende Komplexe beiseite schob. Und immer nahm Brahms solche Geste dankbar und mit spürbarem Aufatmen an.

Clara umgab der enge Kreis ihrer Kinder, der große der Freunde und Verehrer, die sie über alles liebten und von ihr aufrichtig wiedergeliebt wurden. Brahms war selbst da, wo er bedingungslose Anerkennung fand, sehr leicht geneigt, sich jeder Zuwendung zu entziehen. Das haben seine besten Freunde wiederholt erfahren müssen. In der Jugend schon Joseph Joachim, später Theodor Billroth, der berühmte Arzt und Musikkenner, der ihn aufrichtig verehrte, und andere seiner Bewunderer. Es muß bei Brahms eine hartnäckige Gefühlssperre vorhanden gewesen sein, eine tiefe Angst vor jeder Bindung. Sie ließ ihn in Wien nur kurze Zeit, in Leipzig und Düsseldorf gar nicht zu Amt und Würden kommen, obwohl man ihn in beiden Orten gern gehabt hätte. Und diese Angst vor der Bindung mag letzten Endes auch Ursache seiner Ehelosigkeit gewesen sein. Denn Brahms war unfähig, sich hinzugeben; er vermochte es nur in einem einzigen Fall: in der Musik. Und Clara war so eng, so untrennbar mit seinen stärksten musikalischen Erlebnissen verbunden, daß nur sie es fertigbrachte, ihn aus seiner eigensinnigen Abgrenzung hervorzulocken. Es gelang nicht immer. Brahms empfand das auch und sprach es, in seiner verklausulierten Art, zuweilen aus. Spürbare Bewunderung für ihre so viel reichere Natur klingt dabei an: »Wie glücklich Du bist, oder sage ich wie schön, wie gut, wie recht. Du trägst Dein Herz als viel sichern Besitz – wir müssen es alle Augenblicke verstecken ...«

Rührend ist zu beobachten, wie Brahms, als es ihm finanziell besser geht, wiederholt versucht, Claras äußere Situation zu erleichtern, ihr »sein gänzlich unnützes Geld« aufzudrängen. Das war schon 1860 der Fall, als er sie nach Hamburg locken wollte und sie dort sein Gast sein sollte.

»In allem, was mich angeht, warst Du und wirst Du sein, als wenn ich Dir ganz angehöre, und in allem, was Dich angeht, darf ich Dir nichts sein. Hätte ich kein Geld, so würde ich bei Dir wohnen, hätte ich ein Haus, da würdest Du doch auch bei mir wohnen? ... Ich versichere Dich, ich ärgere mich furchtbar, wenn Du nicht mit Julie mein Gast hier sein wolltest ... Kommst Du nun aber nicht augenblicklich, so bin ich nächster Tage in Berlin und wohne keinesfalls bei Dir, sondern miete mir ein horrend teures Logis und bringe Dir jeden Tag die kostbarsten Geschenke, bloß um Dich zu ärgern und Dir zu zeigen, wie lieb mir mein Geld ist, da es mir bei Dir so viel nützt.« Clara war, zur Freude von Brahms, damals wirklich mit Julie nach Hamburg gekommen.

Noch 1888 wagte er kaum, ihr eine größere Summe anzubieten, als er von ihren familiären Sorgen erfährt. Ferdinand war nach jahrelangen Rheumatismusanfällen, Folgen des Krieges, morphiumsüchtig geworden. Er konnte seinen Beruf nicht mehr ausüben. Das Geld für die unerläßlichen Sanatoriumsaufenthalte und den Unterhalt der Familie mit sechs noch kleinen Kindern mußte aufgebracht werden. Brahms schrieb in dieser Zeit an Clara:

»... es hilft nicht, nimm einmal alle Deine Güte und alle gute Gesinnung für mich zusammen, höre und sage dann ein freundliches Ja ... es ärgert mich, daß Du auch diese (Geldsorgen) hast, während ich in Geld schwimme, ohne dies irgend zu merken und ohne irgend Plaisir davon zu haben. Ich kann, mag und will nicht anders leben; es wäre unnütz, den Meinigen mehr zu geben, als ich es tue ... Der Tage ging es mir wieder einmal durch den Kopf, wie ich es nur anfangen könnte, Dir eine Summe zu schicken. Als reicher Kunstfreund mit anonymem Brief, ... oder wie sonst. Ich kann nichts Derartiges tun, ohne irgend jemand soweit ins Vertrauen zu ziehen, daß er das Richtige erraten kann. Wenn Du mich dagegen für einen so guten Menschen hältst, wie ich es bin, und wenn Du mich so lieb hast, wie ich es wünsche – dann wäre auch der zweite Teil der Sache einfach und Du erlaubtest ganz ohne Weiteres, daß ich mit meinem sehr überflüssigen Mammon mich z. B. dieses Jahr an Deinen Ausgaben für die Enkel mit etwa 10000 Mark beteiligte.

Clara dankte ihm gerührt. Annehmen wollte sie sein Anerbieten jedoch »ohne wirkliche ernstliche Veranlassung« nicht. Brahms gab sich aber dieses Mal nicht zufrieden. Da Clara so freundlich abgelehnt hatte, kam er zwei Monate später mit einem da capo.

»Laß Dir also gefallen, wenn sich Dir morgen 15 Mille ganz ergebenst zu Füßen legen und ich bitte Dich herzlich, schreibe nur auf eine Korrespondenzkarte, daß sie dort liegen – weiter aber nichts.« Dieses Mal gab Clara nach. Sie dankte Johannes von ganzem Herzen und beschloß, das Geld für Ferdinands Familie anzulegen.

Clara sind wiederholt und von verschiedensten Seiten ähnliche finanzielle Gaben zugedacht worden. Ihr Gefühl für Würde und Unabhängigkeit bestimmten sie häufig zur Ablehnung. In einem Fall aber bereitete ihr ein solches Angebot große Freude: es kam von dem Verlag Peters, der sich als ihr Schuldner betrachtete, da er fortlaufend Gewinn aus Schumanns Kompositionen zog, während Clara nicht den geringsten Nutzen davon hatte. Tantiemen kannte man damals noch nicht. Er schrieb: »Es hat mich stets mit Stolz erfüllt, die Welt mit so unvergleichlichen Werken wie ›Liederkreis‹, ›Frauenliebe‹, ›Dichterliebe‹ etc. bekannt zu machen; eine wahre ungetrübte Freude darüber werde ich aber erst dann empfinden, wenn ich weiß, daß die Verbreitung jener Werke nicht ganz ohne Nutzen für die Familie des Autors ist.« Er sandte Clara als ihren Anteil am Gewinn eines Jahres 3000 Mark und verpflichtete sich freiwillig, dies bis zum Erlöschen des Privilegs fortzusetzen.

Das Gebiet, auf dem Clara allen Vorschlägen von Brahms bedingungslos folgte, war das musikalische. Bei der Entscheidung über die Herausgabe des Schumannschen Gesamtwerkes war sein Rat maßgebend. Als sie unsicher und von zwei Verlegern – in Deutschland und England – zu schneller Entscheidung gedrängt wird, schreibt er ihr:

»Liebste Clara, laß mich Dir vor allem recht dringend sagen: in solchen Sachen gibt es keine Eile! Nie und unter keinen Umständen laß Dich hetzen, beunruhigen oder gar übereilen! Lege alles, was Dir in der Angelegenheit kommt, mit größter Ruhe hin, und überlege und bedenke nach Herzenslust und in aller Behaglichkeit ... Gib auch ›das Schweben in fortwährendem Kampf zwischen Gefühl und Pflicht‹ durchaus auf – sitze ganz behaglich auf beiden und tue danach ... Zweitens bitte ich: nie und an nichts und niemand anderen zu denken als an die Sache und an Dich, drittens und nebenbei: traue auch keinem und natürlich keinem der Beteiligten!«

Die Angelegenheit zog sich hin. Schließlich schrieb Brahms einen Brief an Raimund Härtel; Breitkopf und Härtel war sein erster Verlag gewesen. Danach schlug Härtel Clara vor, die Redaktion der Gesamtausgabe zu übernehmen, für die er ihr 10000 Mark bot. Clara willigte ein und bat Brahms um seine Mitarbeit; selbstverständlich würde sie das Honorar für die Herausgabe teilen. Aus dem Pörtschacher Sommerquartier kam darauf eine echt Brahms'sche Antwort:

»Ich weiß nun, wie ernsthaft Dein Vorschlag wegen der Hälfte des Honorars ist – aber leider habe ich gar keine Lust oder Geduld, ernsthaft und ausführlich darauf zu erwidern ... Du weißt ja, daß ich es gewohnt bin und sehr leicht ein paar tausend Mark in die Hand nehme, einstweilen gewöhne Dich auch ein klein wenig an den Gedanken, daß ich Dir und Deinem Manne gegenüber – gewissermaßen und unter Umständen und sozusagen und überhaupt – und dann strenge Deinen Verstand an und dann wolle nicht alles Herz allein haben, sondern laß andern ein klein Stück.«

Mit unendlich viel Sorgfalt, Verantwortungsgefühl und Geduld hat Brahms Clara bei dieser jahrelangen Arbeit unterstützt, oft komisch verzweifelt über ihre übergroße Gewissenhaftigkeit. Als sie schließlich fürchtet, seine Geduld und Langmut allzusehr strapaziert zu haben, antwortet er: »Ich kann durch keine Weitläufigkeit und durch gar nichts je dahin gebracht werden, gegen Dich den allerkleinsten Zorn (ich mags gar nicht sagen) oder irgendetwas gegen Dich zu haben. Ich schelte nur ganz lustig Dich aus, daß Du Dir soviel unnütze Sorgen machst. Also für Dich gegen Dich!«

Ein beide Teile charakterisierender Briefwechsel entspann sich, als Clara ihre ›Kadenzen zu Mozarts d-Moll-Konzert‹ veröffentlichen wollte. Sie bemerkte erst während der Arbeit daran, daß Teile dieser Kadenzen von Johannes stammten und wollte deshalb an alle Stellen, die auf seine Autorschaft zurückgingen, ein J. B. drucken lassen. Er antwortete ihr: »Ich bitte Dich recht herzlich, lasse ja die Kadenz ohne weiteres mit Deinem Namen in die Welt gehen. Auch das kleinste J. B. würde nur sonderbar aussehen ... Ich könnte Dir manches neuere Werk zeigen, an dem mehr von mir ist, als eine ganze Kadenz! Zudem aber müßte ich dann von rechts wegen zu meinen besten Melodien schreiben: eigentlich von Clara Schumann! Denn wenn ich an mich denke, kann mir doch nichts Gescheutes und gar Schönes einfallen. Dir verdanke ich mehr Melodien, als Du mir Passagen und derlei nehmen kannst.«

Von den ersten Tagen ihrer Freundschaft an hatte Brahms seine neuen Werke fast immer zuerst Clara gezeigt. Sie kamen als Manuskripte zu ihr, Orchesterwerke auch in vierhändigen Bearbeitungen oder solchen für zwei Klaviere. Brahms hat diese Form des Klavierauszugs geschätzt und häufig selber angefertigt. Zum Beispiel sandte er ihr Weihnachten 1866 einen solchen Klavierauszug seines ›Requiems‹, den er selber hergestellt hatte. Clara war begeistert von dem schönen, reichhaltigen Arrangement. Es gab aber auch Zeiten, in denen sie Johannes erst eindringlich nach seinen Arbeiten fragen mußte. Einmal antwortete er ihr: »Wundere Dich nie, liebe Clara, daß ich nicht von meinen Arbeiten schreibe. Ich mag und kann das nicht. Ihr, besonders Du, denkt Euch mich, wie ich glaube, immer anders als ich bin. Ich bin nie oder ganz selten nur etwas zufrieden mit mir...«

Ein andermal, als sie ihn bittet, einiges von seinen Sachen an Dritte weitergeben zu dürfen, schreibt er: »Ich möchte Dich nur bitten, die Leute nicht in einen Enthusiasmus zu versetzen durch Deinen, den sie nachher nicht begreifen. Du verlangst viel zu schnelle und feurige Anerkennung des Talentes, das Dir gerade lieb ist. Die Kunst ist eine Republik, das solltest Du mehr zu Deinem Spruch machen. Du bist viel zu aristokratisch.«

Clara wehrte sich entschieden gegen diese Feststellung. »Eigentlich müßtest Du wissen, daß nicht blinder Enthusiasmus für Dich aus mir spricht. Kam es nicht vor, daß ich mich durchaus für das Eine oder Andre von Dir nicht freudig stimmen konnte und Dir entschieden entgegen trat? Tut das blinder Enthusiasmus? ... Ich wollte, Du legtest meine Empfindungen edler aus, als du es oft tust; wer läse, was Du mir über meinen Enthusiasmus schreibst, müßte mich für eine äußerst exaltierte Person halten.«

Im April 1877 kündigte Brahms in einem Brief an, daß er seine ›Lieder von op. 69–72‹ herausgeben wolle und gerne hätte, daß Clara sie vorher durchsähe. »Am liebsten säße ich freilich bei Dir... Mir aber schreibe, ob Dir was davon gefällt – und ob Dir anderes vielleicht sehr mißfällt. Namentlich letzteres, vielleicht horchte ich und dankte Dir! ... Schreibe mir womöglich ein kurzes Wort zu jedem. Du kannst nur opus und Zahl angeben: op X, 5 schlecht 6 schändlich 7 lächerlich usw.«

Clara war glücklich über die herrlichen Lieder und verbrachte viel

Brahms am Klavier, Zeichnung von Willy von Beckerath

Zeit mit ihnen. »Hätte ich nur gleich eine recht fixe Sängerin dabei gehabt – so mußte ich mir alles herausstöhnen mit meiner heiseren Stimme. Nun willst Du haben, daß ich auch kritisiere, werde ich Dich dann nicht erzürnen, wenn ich sage oder gar bitte, Du möchtest die schönsten Lieder in zwei Heften herausgeben und die einigen unbedeutenden ganz weglassen?« Viele ihrer Lieblinge sind die gleichen, die sich im Laufe eines Jahrhunderts in die Herzen der Hörer gesungen haben.

An einem für Clara und ihre Kinder bedeutsamen Fest nahm Brahms persönlichen und künstlerischen Anteil. Es war die Enthüllung des Schumann-Denkmals, die am 2. Mai 1880 auf dem Bonner Friedhof stattfand. Clara schreibt: »Es regte sich kein Blatt und leichte Wolken verhüllten die Sonne, so daß man sie nur wohltuend empfand. Es war eine würdige Feier. Zu Anfang wurde der Bachsche Chor, zum Schluß der Chor aus ›Elias‹ gesungen – Brahms dirigierte das Ganze. Das Denkmal findet großen Beifall, wir können uns mit dem Relief nicht befreunden, es fehlt zwar nicht die Ähnlichkeit, aber der geistige Ausdruck.«

Abends fand ein Orchesterkonzert unter Leitung von Brahms, am nächsten Tag eine Kammermusik-Matinee statt. »Leider war der Schluß mit dem ›Es-Dur-Quartett‹ traurig, Brahms war schlecht disponiert... Ich war tief bekümmert, daß ich das Quartett nicht selbst übernommen hatte«, notiert Clara.

Brahms fehlte Claras Passion beim Klavierspielen. Eugenie Schumann berichtet, sein Üben sei zwar interessant und kraftvoll gewesen, habe aber immer etwas Widerhaariges, Feindseliges an sich gehabt. Er sah nicht, wie Clara, einen Freund in seinem Instrument. Als er einmal das Schumannsche ›Klavierkonzert‹ in der Generalprobe recht schlecht gespielt hatte, begann er am nächsten Morgen im leeren Saal wütend zu üben. Brahms war ganz rot vor Eifer und Ärger und sagte schließlich zu einem befreundeten Musiker: »Es ist doch eigentlich scheußlich. Da glauben die Leute nun, sie kriegten was Besonderes zu hören, und ich haue ihnen da was vor... Ich sage mir schon immerfort: aber, Johannes, nimm dich doch zusammen, spiele ordentlich, aber wie gesagt, es geht nicht. Scheußlich.«

Im Januar 1884 wurde Brahms' ›3. Symphonie‹ in Wiesbaden aufgeführt, und Clara war unter den Hörern. »Diese ist wieder ein Meisterwerk – sie steht mir so zwischen der ersten und zweiten – ich möchte sie eine Wald-Idylle nennen, die Stimmung ist von Anfang bis Ende eine elegische. Wunderbar sind die Durcharbeitungen, wie immer bei Brahms, darin besteht bei ihm die Hauptkraft; melodiös, in der Erfindung der Motive, scheint sie mir weniger bedeutend als die früheren Symphonien ... Ich muß sie aber doch noch öfter hören, um mir ein Urteil zu bilden.«

Erst nachdem sie mit Elise die Fassung für zwei Klaviere durchgearbeitet hatte, ging ihr die volle Schönheit dieses Werkes auf. Sie sehnte sich, es wieder zu hören, nun, wo sie jeden Takt kannte. »Könnt ich ihm selbst mein Entzücken aussprechen! ach, aber wie er zuletzt in Wiesbaden war, da schnürt sich einem das Herz zusammen.«

In so eigentümlich schwankender Stimmung bewegten sich fast alle Tagebuch-Äußerungen über Brahms in späteren Jahren. Kaum wagt sie, dem schwierig gewordenen Freund ihre Zustimmung mitzuteilen; und da sachliche Kritik von ihm gern ironisch aufgenommen wird, schließt sie solche Ausführungen dann gewöhnlich mit Worten ab wie: »Verzeih, es ist wohl dumm, was ich sage.«

Und doch gibt Brahms auch in Krisenzeiten Dritten gegenüber stets zu verstehen, wie sehr er an Clara hängt, wie viel sie ihm bedeutet. Gerne führte er ihr neugewonnene Freunde zu, so den Schweizer Schriftsteller Josef Victor Widmann, der von ihr tief beeindruckt war. Er spricht von ihrem schönen, durchgeistigten Antlitz, »auf dem trotz manchen Lebenskummers der Ausdruck jener unverwelklichen Jugend lag, wie er nur ganz guten, reinen Menschen bis ans Ende treu bleibt ... Brahms selber verehrte in Frau Schumann die Edelste ihres Geschlechtes. Wenn Sie etwas schreiben, sagte er mir einmal, so fragen Sie sich immer, ob eine Frau wie die Schumann mit Wohlgefallen ihren Blick darauf könnte ruhen lassen. Und wenn Sie das bezweifeln müssen, so streichen Sie es aus!«

Interessant ist Claras Urteil über die ›4. Symphonie‹ von Brahms. Sie schreibt Johannes einen ausführlichen Brief über ihre Eindrücke und genießt auch Probe und Aufführung des Werkes im Frankfurter Museumskonzert. Im Tagebuch heißt es: »Ich bin besonders vom Adagio und 4. Satz erfüllt. Das erstere nimmt einen ganz durch seine Schönheit und Träumerei gefangen, der letzte Satz packt einen durch seine Großartigkeit, schon das Motiv an und für sich und durch die ganz geniale Bearbeitung... Sehr aufgefallen ist mir der Einfluß Wagners in der Art der Instrumentation, die eigentümliche Klangfarbe oft, nur etwa mit dem Unterschied, daß sie hier Schönem und Noblem dient.«

Brahms, der die Aufführung selber dirigiert hatte, reiste zwei Tage später wieder ab. »Er war nach seiner Art liebenswürdig gewesen, aber kein Wort persönlicher Teilnahme in all den Tagen«, steht in Claras Tagebuch.

»Sicherlich litt Brahms unter seinen Fehlern mehr, als er andere dadurch kränkte«, stellte Eugenie Schumann rückblickend fest. »Wohl mag es ihm manchmal eine augenblickliche Erleichterung gewährt haben, seine Stimmungen in Schroffheit gegen seine Umgebung auszutoben, aber beglückt hat ihn solche Schroffheit nicht... Sie hielt ihn dauernd im Zustand der Abwehr gegen vermeintliche Eingriffe in sein Dasein und seine Unabhängigkeit. Setzte man eine Ansicht, ein Urteil bei ihm voraus, so behauptete er stets das Gegenteil; fragte man ihn geradezu um seine Meinung, so konnte er freundlich eingehend antworten... Obwohl er Menschen liebte, ja sie suchte, wehrte er sich gegen sie, wenn sie ihn suchten. Er gab gerne, aber Ansprüche, Erwartungen stieß er zurück... In den letzten Jahren seines Lebens sagte er einmal sehr heftig: Ich habe keine Freunde! Wenn irgend jemand sagt, er sei mit mir befreundet, so glauben Sie es nicht. – Wir waren sprachlos. Endlich sagte ich: Aber, Herr Brahms, Freunde sind doch das Beste, was wir auf der Welt haben; warum wehren Sie sich denn gegen solche? Da sah er mich stumm mit großen Augen an. Ja, Brahms hat viel gelitten.«

Die enge Verbundenheit mit einem der genialsten Musiker ihrer Zeit war für Claras spätere Entwicklung von ganz entscheidender Bedeutung. Von früh an war sie ja gewohnt gewesen, an der schöpferischen Arbeit bedeutender Komponisten teilzuhaben;

zweifellos hat sie ihre erstaunliche Fähigkeit, auch im Alter Neues sofort erfassen und unvorbereiteten Hörern überzeugend nahebringen zu können, dem intensiven musikalischen Gedankenaustausch mit Brahms zu danken. Die ständigen, oft nur mühsam unterdrückten Schwierigkeiten, das Balancieren-müssen in brieflichen wie mündlichen Auseinandersetzungen mit ihm hielt ihre Freundschaft wach. Das mag oft eine schmerzhafte Prozedur gewesen sein. Doch eben sie bewahrte diese kostbare menschliche Beziehung vor jeder Erstarrung. In keinem Stadium ihrer Entwicklung, zu keiner Zeit in diesen langen Jahren wurde sie zur leeren Phrase, zur bloßen Gewohnheit. Sie war ein Bestandteil ihres Lebens. In einem Brief an Clara aus späteren Jahren hat Brahms das auch für sich selber festgehalten: »Ich liebe Dich mehr als mich und irgendwen und was auf der Welt.«

Es ist nun genug

Konzerte, Schüler, Reisen: noch lange bestimmte dieser Rhythmus Claras Alltag. Als sie in späteren Jahren einmal zur Kur nach Franzensbad ging, machte sie vorher in Weimar Station. Sie besuchte das Goethehaus, ging durch die ihr vertrauten Räume und stand vor dem Streicherklavier, auf dem sie als Zwölfjährige dem Geheimrat von Goethe vorgespielt hatte. Alles schien noch wie damals zu sein: das Haus, die Möbel, das Instrument. Sie erinnerte sich an seine Worte: Das Mädchen hat mehr Kraft, als sechs Knaben zusammen. Doch Goethe war seit 56 Jahren tot, sie selbst eine alte Frau. »Das berührte mich ganz eigen! Ein ganzes Leben hat sich seitdem abgespielt – wie ein Chaos kam es mir vor.«

Im Sommer 1880, während eines Aufenthaltes in Schluderbach, las sie noch einmal ihren ganzen Briefwechsel mit Robert. Sie führte ein Traumleben in den vier Wänden ihres Hotelzimmers, das ihr dadurch bedeutsam und lieb wurde. Einige Jahre später hat sie Robert Schumanns Jugendbriefe als Buch herausgegeben und daraufhin begeisterte Leserzuschriften erhalten. »Sonderbar ist, daß alle, die mir schreiben, mir danken, wo ich doch nur, um meinem Herzen zu genügen, es getan.«

Trotz mancher gesundheitlichen Behinderungen erlebte Clara immer wieder künstlerische Höhepunkte. So schrieb sie nach einem Auftreten im Gewandhaus: »Das Konzert von Beethoven Es-Dur habe ich nie so gespielt, und dieser Fortschritt in der geistigen Beherrschung, das Gefühl vollkommener Herrschaft über das Ganze beglückte mich wieder einmal diesen ganzen Abend. Es liegt etwas so Erhebendes in dem Bewußtsein, trotz Alters noch immer vorwärts zu gehen innerlich.«

Die größten Sorgen bereiteten ihr die Nerven. Sie litt jetzt an Lampenfieber, das ihr früher vollkommen unbekannt gewesen war. Als sie am 7. November 1890 im Frankfurter Museumskonzert Chopins ›f-Moll-Konzert‹ spielen mußte, konnte sie tagelang vorher an nichts anderes denken. »Sogar wenn ich mit jemandem sprach, liefen mir dabei die Passagen im Kopf herum – es war geradezu unerträglich. Trotz all diesem spielte ich sehr glücklich ... schöner als je zu Hause ... Ich fühle mich, wenn ich am Klavier sitze, wieder wie in meinen jungen Jahren ... Wie schwer ist es, Abschied zu nehmen für immer!«

Danach ist Clara nur noch einmal, am 12. März 1891, in einer Trio-Soiree des Pianisten James Kwast, öffentlich aufgetreten. Sie spielte mit ihm zusammen Brahms' ›Variationen für 2 Klaviere über ein Thema von Haydn‹. Und dieses Musizieren erregte einen solchen Beifallssturm, daß sie das ganze Werk wiederholen mußten!

Claras Unterrichtstätigkeit ging weiter, und mit brennendem Interesse verfolgte sie das musikalische Geschehen. Während Brahms sich für den jungen Dirigenten Hans von Bülow begeisterte, der seinen symphonischen Werken mit dem hervorragenden Meininger Orchester große Erfolge erspielte, blieb Clara bei aller Anerkennung seiner Fähigkeiten durchaus kritisch: »Er studiert ein, wie er spielt, er zerpflückt und zergliedert alles – das Herz hat nichts dabei zu tun. Alles der Kopf, der berechnet. Er erreicht aber, daß man Freude an der Herrschaft des Orchesters hat.«

Beim Tode von Franz Liszt, ihrem einstigen großen Gegenspieler, schrieb sie: »Ein eminenter Klaviervirtuose war er, aber ein gefährliches Vorbild als solcher für die Jugend. Fast alle auftauchenden Spieler imitierten ihn, aber es fehlte ihnen der Geist, das Genie, die Anmut, so entstanden nur einige große reine Techniker und viele Zerrbilder.«

Auch für Bruckners »phänomenale« Symphonien interessierte sie sich und für Verdis Oper ›Aida‹. »Merkwürdig, den alten Komponisten noch auf neue Bahnen sich wagen zu sehen. Vieles hat mir entschieden gefallen.«

Im Januar 1892 erkrankte Clara an einer Lungenentzündung. Sie kündigte danach ihre Stellung am Konservatorium und verbrachte den Sommer in der Schweiz. Von diesem Zeitpunkt an ist es, als hätte Brahms begriffen, daß er seine Freundin nicht mehr lange besitzen würde. Ein letzter schwerer Konflikt zwischen ihnen wird begraben, der Ton seiner Briefe milder, herzlicher. Im November wandern seine neuesten Klavierstücke als Manuskripte zu ihr; sie spielt sie mit wahrer Hingebung. »In diesen Stücken fühle ich endlich wieder musikalisches Leben in meine Seele ziehen«, heißt es im Tagebuch nach Zeiten quälender Gehörbeeinträchtigungen.

Marie lebte ständig mit der Mutter zusammen. Eugenie hatte sich in England eine Existenz als Musiklehrerin geschaffen; sie kam häufig zu Besuch. Ihr beiden »Schutzengel« nennt Clara die Töchter, die mit hingebender Liebe über ihrer Gesundheit wachten. Großen Kummer bereitete ihr der Tod des Sohnes Ferdinand, der mit 42 Jahren den Spätfolgen des 70er Krieges erlag.

Den ältesten Enkel, der Musiker werden wollte, nahm Clara in die Hausgemeinschaft auf. Das tägliche Leben erhielt durch den jungen Ferdinand neue, fröhlichere Akzente. »Ein Glück, daß um uns die Jugend aufwächst, wo wir helfen können, die unser Denken und Fühlen auf die Gegenwart richtet«, schrieb Clara dankbar. Sie gab seinetwegen das ihr lieb gewordene abendliche Whistspiel auf: Ferdinand sollte klassische Literatur kennenlernen und sich im Vorlesen

Clara im Alter

üben. Sie wählte dazu ›Wilhelm Meister‹ aus. Er und seine Schwester Julie begleiteten Clara auf den letzten Sommerreisen.

Obwohl sie nicht mehr in der Öffentlichkeit auftrat und nur noch Privatschüler annahm, war sie keineswegs vergessen. Schumanns Werk wurde zu diesem Zeitpunkt längst als wesentlicher Bestandteil der musikalischen Romantik betrachtet. Claras jahrzehntelanges Wirken war aus diesem Zusammenhang nicht fortzudenken. Im Bewußtsein der Öffentlichkeit lebte sie als künstlerische Instanz weiter. Eindringlich gab der Dichter Richard Voss diesem Gedanken in einem Brief an sie Ausdruck:

»Sie glauben nicht, wie oft ich Ihrer gedacht habe. Es wird mir dann jedesmal so tief beruhigt zu Mute, als hörte ich ein Schumannsches Lied, von Ihnen gespielt... Wie schön, daß wir Sie, teuerste Frau, noch besitzen. Gestalten wie Sie verklären diese Welt, die so voller Schatten und Dunkelheit ist.«

Claras wacher Geist sucht nach Beschäftigung, da sie nur noch wenig spielen kann und der Genuß an Darbietungen anderer durch ihr schlechtes Gehör getrübt wird. Sie liest viel: Theodor Billroths Briefe, Erinnerungen der Gabriele von Bülow, Allgeyers Feuerbach-Biographie. Anschaulich schildert der Enkel einige Episoden der letzten Jahre: wie Clara den Schülern Beethovens ›G-Dur-Trio‹ vorspielt; wie sie mit Marie das »Klarinetten-Quintett« von Brahms in vierhändiger Fassung durchnimmt.

»Tante Marie rief mehrmals: nicht so schnell, Mütterchen! Kaum war Großmutter dazu zu bringen. Unbarmherzig spielte sie weiter, sah lachend manchmal die Tante von der Seite an. Mit ungeheurer Lust spielte sie. Das Adagio fand sie himmlisch, den dritten Satz Brahms in schlechter Laune, den Endsatz mit den Variationen ganz Schubert.«

Auch über einen Besuch von Brahms gelegentlich der Aufführung seiner ›D-Dur-Symphonie‹ in den Museums-Konzerten hat Ferdinand Aufzeichnungen gemacht. Brahms verschlief die Anfangszeit. Publikum und Orchester saßen wartend im Konzertsaal; schließlich wurde ohne den Komponisten begonnen. »Nach dem 2. Satz geht eine Seitentür auf und wer kommt herein? Brahms. Er wollte sich auf seinen Platz schleichen. Da hatte man ihn aber schon bemerkt und begrüßte ihn mit Applaus. Das war schön. Brahms, währenddessen auf seinem Platz angelangt, erhob sich und dankte. In solchen Situationen zeigt er immer ein ernst verlegenes, aber kein erfreutes Gesicht.«

Im September wurde Claras Geburtstag wieder in Interlaken begangen – er sollte ihr letzter sein. Ein reizender Brief von Johannes krönte den heiteren Tag. Er, der am 7. Mai geboren war, schrieb nämlich:

»Liebe Clara, im September sieht man, was 13 für eine Glückszahl ist und wie ungerecht sie verleugnet wird! Denn es müssen doch ganz besondere Sterne geleuchtet haben – anno 19 – und was nützen anderen die schönsten Monate (z. B. Mai) und die heiligsten Zahlen (z. B. 7) – es kommt nichts Gescheites heraus!«

Er besuchte Clara im Oktober auf der Durchreise, nachdem er in Meiningen sehr gefeiert worden war. Er zeigte sich aufgeschlossen und liebenswürdig und begleitete am Abend eine junge Freundin des Hauses, Antonie Kufferath, zu einigen seiner Volkslieder-Bearbeitungen. Das letzte war ›In stiller Nacht‹, ein Lieblingslied aller Schumanns, dessen rhythmisch verschobene Begleitung die Wiedergabe erschwert. »Können Sie das aber auch im Takt singen?« fragte Brahms vor Beginn. »O ja«, antwortete Antonie zum Vergnügen der Anwesenden, »wenn Sie es nur hübsch im Takt spielen können!«

Am nächsten Morgen hörte Eugenie ihre Mutter Werke von Bach und Brahms spielen. »Nachdem sie aufgehört hatte, ging ich in das Musikzimmer. Mama saß seitwärts an ihrem Schreibtisch, ihre Wangen waren sanft gerötet und das Auge strahlte wie von innerem Licht. Brahms saß ihr gegenüber und sah weich und ergriffen aus. Ihre Mutter hat mir ganz herrlich vorgespielt, sagte er... Wenige Stunden nachher schied Brahms. Die Freunde umarmten und küßten sich, wie sie es seit Jahren bei jedem Abschied, jedem Wiedersehen getan hatten, aber dieses Mal war ihnen kein Wiedersehen beschieden.«

Der Winter war durch Krankheit beschattet. Tiefe Traurigkeit, wahre Todesahnung lastete auf Clara. Erst Ende Januar konnte sie einigen Schülern aus Schumanns Werken vorspielen. »Mit wunderbarer Kraft und Frische sowie dem nur ihr eigenen feinen Rhythmus«, bemerkte Marie. Die letzte Musik, die sie hörte, war eines der schönsten Klavierstücke von Robert: seine ›Fis-Dur-Romanze‹, von Ferdinand vorgetragen. »Es ist nun genug«, sagte sie, nachdem er geendet hatte.

Sie starb an den Folgen eines Schlaganfalls am 20. Mai 1896. Ihre Beisetzung an der Seite Robert Schumanns fand vier Tage später auf dem Bonner Friedhof statt. Kinder, Enkel und viele Freunde versammelten sich zu diesem letzten Abschied. Johannes hatte die Todesnachricht erst verspätet in Ischl erreicht. Nach vierzigstündiger Reise traf er völlig erschöpft am Ausgang der Kapelle ein, als Claras Sarg auf den Friedhof getragen wurde. Die Aufregungen und Gemütsbewegungen dieser Stunden hat Brahms nie mehr überwunden.

Seine ›Vier ernsten Gesänge‹ ließ er durch den Verlag Simrock an Marie und Eugenie senden. »Abgesehen von der alten lieben Gewohnheit, in solchem Fall Ihren Namen zuerst zu schreiben, gehen die Gesänge Sie auch ganz eigentlich an. Ich schrieb sie in der ersten Maiwoche; ähnliche Worte beschäftigten mich oft, schlimmere Nachrichten von Ihrer Mutter meinte ich nicht erwarten zu müssen – aber tief innen im Menschen spricht und treibt oft etwas, uns fast unbewußt, und das mag wohl bisweilen als Gedicht oder Musik tönen. Durchspielen können Sie die Gesänge nicht, weil die Worte Ihnen jetzt zu ergreifend wären. Aber ich bitte, sie als ganz eigentliches Totenopfer für Ihre geliebte Mutter anzusehen.«

»Tief innen im Menschen spricht und treibt oft etwas« – Brahms hat Clara nur um zehn Monate überlebt. Er starb im März 1897, erst 64 Jahre alt. Clara ist fast siebenundsiebzig geworden.

Lange Zeit schien es, als sei ihr Weg durch das 19. Jahrhundert in Vergessenheit geraten, als sei sie nur eine von den vielen erfolgreichen Virtuosen jener Epoche. Heute bewundern wir neben der großen künstlerischen auch ihre menschliche Leistung. Sie übte Gleichberechtigung zwischen Mann und Frau, als diese der Öffentlichkeit noch unvorstellbar erschien. Sie erzog ihre Kinder im Geiste der Selbständigkeit, der Menschenliebe, der Toleranz. Künstlerisches Verantwortungsgefühl und nie nachlassende Selbstdisziplin haben sie bis ins Alter hinein zu Leistungen höchsten Ranges befähigt. Es gelang ihr, die Konzerthörer von der oberflächlichen Überschätzung des Brillanten und Virtuosen zum echten Verständnis für das musikalische Kunstwerk hinzuführen.

Oftmals hat sie Entscheidungen, menschliche wie künstlerische, ganz auf sich selbst gestellt fällen müssen: ähnliche sind uns heute, doch in weit größerer Freiheit, aufgetragen. Was ihre Persönlichkeit für uns so anziehend, so beispielhaft macht, ist vor allem dies: sie war ein Mensch ihrer Zeit, mit allen Kräften bemüht, an ihr teilzuhaben und ihre eigenen Überzeugungen zu vertreten – ganz gleich, ob das nun vorteilhaft schien oder nicht. Nach der Begegnung mit Clara Schumann, geb. Wieck werden wir ihre ermutigende, tröstliche Stimme nie mehr ganz vergessen können – obwohl sie so lang schon verstummt ist.

Dietrich Fischer-Dieskau zu diesem Buch

Romantik bedeutet immer eine Revolution aus dem Gesichtswinkel der Individualität. Zu ihr gehört der Aufstand gegen das Philistertum in der Kunst, wie ihn, um 1830, dem französischen Ruf folgend, einige Deutsche vollzogen. Robert Schumann gehörte zu ihnen, wenn er sich auch gegen die modischen Mächte sperrte, denen das Junge Deutschland oder Hector Berlioz sich hingaben. Er ließ sich von ihnen kaum berühren.

Diese kämpferische Aktion bedeutet Reinigung, Läuterung des Geschmacks, Überwindung biedermeierlicher Enge. Dabei wandte sich die Aktivität zunehmend nach innen. Romantik erfüllt sich als Mikrokosmos. Der Schaffende ist bestrebt, seine Originalität einer jeden Umklammerung zu entziehen. Könnerschaft und Virtuosität sehen sich vom poetischen Element in den Hintergrund gedrängt. Schumanns Losungswort von der »poetischen Ganzheit« steht für eine neu geschaffene Technik, bei der einzelnes seine Bedeutung zugunsten der Einheit aufgibt; beim letzten Beethoven noch in der architekturalen Klarheit der Klassik, bei Schumann mit bisweilen beabsichtigter Unverständlichkeit, hinter der Maske jener für die geschichtliche Situation symbolischen Gestalten Florestan und Eusebius. Nicht an Norm und Schema gebunden zu sein, stellt sich als des echten Romantikers künstlerischer Wille heraus. Mit Zähigkeit hielt Schumann an seiner Auffassung von poetischer Tonkunst fest, einer Musik, die nicht schildert, sondern die Seele frei und unbestimmt anregt.

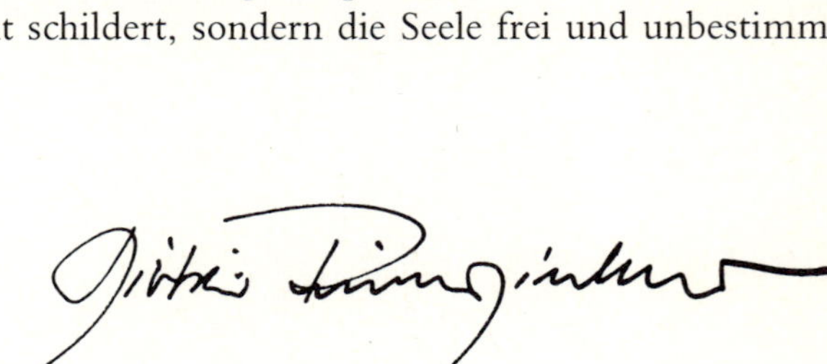

Literaturnachweis

Bei der Darstellung dieses Lebens wurden neben der Memoiren- und Brief-Literatur der Zeit vor allem die Veröffentlichungen der Familie Schumann berücksichtigt:

Robert Schumann
Tagebücher, herausgeg. von Georg Eismann 1971
Briefe, herausgeg. v. F. Gustav Jansen 1904
Gesammelte Schriften über Musik u. Musiker,
herausgeg. von Martin Kreisig 1914
Jugendbriefe, herausgeg. v. Clara Schumann 1885

Clara Schumann
Ein Künstlerleben, nach Tagebüchern und Briefen,
herausgeg. v. Berthold Litzmann 1903–1910

Eugenie Schumann
Lebensbild meines Vaters 1931
Erinnerungen 1925

Johannes Brahms
Briefwechsel mit Clara Schumann, 2 Bd. 1927

Marie Wieck
Aus dem Kreise Wieck-Schumann 1914

Ferdinand Schumann
Erinnerungen an Brahms 1915

Käthe Walch-Schumann
Friedrich Wieck,
Briefe, 1968

Außerdem Briefwechsel von Johannes Brahms mit Hermann Levi, Josef Victor Widmann, Joseph Joachim, Heinrich und Elisabet von Herzogenberg u. a.

Herangezogen wurden ferner Werke von:

Ludwig Berger, Wolfgang Boetticher, André Boucourechliev, Marcel Brion, Albert Dietrich, Heinrich Dohrn, Louis Ehlert, Heinrich Ehrlich, Georg Eismann, Marie Fellinger, Wolfgang Gertler, Susanna Grossmann-Vendrey, F. Gustav Jansen, Gustav Jenner, Max Kalbeck, Dieter Kerner, Werner Korte, Richard Litterscheid, Rudolf von der Leyen, Florence May, Felix Mendelssohn-Bartholdy, Emil Michelmann, Ernst Miller, Hans Joachim Moser, Andreas Moser, Frank Munte, Joseph Neyes, Karl Rauch, Carl Reinecke, Paula und Walter Rehberg, Heinrich Reimann, Philipp Spitta, Wolf Schadendorf, Friedrich Schmidt, Kurt Stephenson, Hermann Ulrich, R. Wilhelm, J. von Wasielewski, Eta Widkop, Josef Victor Widmann, Julia Wirth, Ernst Wolff, Hans Christoph Worbs, Karl H. Wörner, Percy M. Young u. a.

Zitierte Texte wurden geringfügig der heutigen Schreibweise angeglichen, Auslassungen durch ... bezeichnet.

Werkverzeichnis

Die im Buch genannten Werke Robert Schumanns:

Werke von Clara:

Werke von Johannes Brahms:

Quellennachweis für den Bildteil

Reproduktionsgenehmigungen erteilten freundlicherweise:
Bärenreiter Verlag, Seite 62
Mendelssohnarchiv, Berlin, Seite 37

Besonderer Dank gebührt der Urenkelin Robert Schumanns, Frau Käthe Walch-Schumann, die neben bereits bekannten Bildern aus ihrem Besitz (Seiten 23, 49, 93, 126, 129, 132, 149) die bisher unveröffentlichten Photographien von Clara Schumann (Seiten 103 und 177) zur Verfügung stellte.

Die Zeichnungen schuf Susanne Stolzenberg, zum Teil nach zeitgenössischen Vorlagen.

Biographien

Die Literaturbox
bei dtv junior
Literaturbox 2
bei dtv junior